百年協和

BAINIAN XIEHE

袁勇麟◎主编

海峡出版发行集团 THE STRAITS PUBLISHING & DISTRIBUTING GROUP
福建人民出版社 FUJIAN PEOPLE'S PUBLISHING HOUSE

图书在版编目（CIP）数据

百年协和/袁勇麟主编. --福州：福建人民出版社，2013.12（2020.7重印）

ISBN 978-7-211-06839-5

Ⅰ. ①百… Ⅱ. ①袁… Ⅲ. ①福建师范大学协和学院—校史 Ⅳ. ①G659.285.71

中国版本图书馆CIP数据核字（2013）第269125号

百年协和

BAINIAN XIEHE

主　　编：袁勇麟

责任编辑：余祥草

出版发行：福建人民出版社　　**电　　话：**0591-87533169（发行部）

网　　址：http://www.fjpph.com　　**电子邮箱：**149430129@qq.com

地　　址：福州市东水路76号　　**邮政编码：**350001

经　　销：福建新华发行（集团）有限责任公司

印　　刷：福州德安彩色印刷有限公司

地　　址：福州市金山工业区浦上标准厂房B区42幢　　**邮政编码：**350007

开　　本：787毫米×1092毫米 1/16

印　　张：10

字　　数：168千字

印　　数：31001—34000

版　　次：2013年12月第1版　　2020年7月第7次印刷

书　　号：ISBN 978-7-211-06839-5

定　　价：40.00元

目录

下篇　学府宏开　蔚为青俊

序

汪毅夫

我敬重的导师俞元桂教授1942年毕业于福建协和大学中文系，1946年他回到母校任教。俞元桂先生曾经写过一首《怀魁岐母校》的诗："楼台掩映碧波明，校景东南负盛名。济济良师辉讲席，莘莘学子拥书城。葱茏树影藏人影，宛转琴声杂鸟声。漫步江边风习习，千帆竞发趁潮平。"余生也晚，诗中描述的福建协和大学情景不免令人心生向往。2003年，福建师范大学应时之需申办一所独立学院，拟沿用其三个主要前身校之一的福建协和大学的校名，我觉得最合适不过，便赞成取名"协和学院"。我在《福建协和大学与福建文化研究的学术传统》一文中提及1931年福建协和大学因撤销教育学院后不符合"大学应包括三个以上学院"之规定，也是以"福建协和学院"获准教育部立案的，直到1942年获准升格，恢复"福建协和大学"之校名。2007年，我指导的研究生黄涛以福建协和大学为研究对象的博士论文《大德是钦——记忆深处的福建协和大学》正式出版，他邀请我为该书作了序言。

《百年协和》是有关福建协和大学的又一部著述，这是给所有"协和人"和关爱"协和"的人一份珍贵而特别的礼物。正如书中所言，福建协和大学留下的是灼灼其光的历史，有很多值得借鉴和传承的宝贵精神遗产。它的珍贵与特别之处，表现在编者极力收集与挖掘前人未曾发现的史料并进行考证，特别是照片，补充了原有史料的不足，并对这些资料认真编排，以更好的形式呈现给读者。比如书中"协和大学仓前山校址”的图片，据说是从日本东洋文库的莫理循收藏的专辑《Album of Hongkong Canton Macao Amoy Foochow （vol.1）》中翻拍出来的；还有多张难得见到协和大学学生活动的照片；另外，本书对协和大学培养的院士名录进行了考证，并收录了12名院士的照片。这些照片是经过多番努力收集来的，可谓来之不易，十分珍贵，而这些对再现历史是很有价值的。

本书的特别之处还表现在以一种文学的叙事来重现和书写历史。上篇在描述福建协和大学历史中融入了诸多校友的深情回忆，饶有趣味地展示了协和大学的另一面；更难能可贵的是，书中有意识地挖掘出福建协和大学永不过时的教育理念。下篇描述了福建师范大学协和学院在新的历史背景下对这种精神理念的追寻和自身永不止步的教育追求，选取了协和学院创新教学和校园文化的某些片断，以小见大其作为新世纪福建省高等教育改革“试验田”和“孵化器”取得的育人成效。十年的风雨历练，已让协和学院从一个蹒跚学步的孩童慢慢成长为一个风度翩翩的少年，在新世纪的朝阳下，满载希望续写着教育新篇章。阅读本书的过程，是读懂这两所不同时代背景下的大学以及彼此之间关联的过程，也是感受一所大学精神与文化传承的过程。

历史的车轮带不走的永远都是那些留下深深印记的人和事。不管是一个世纪前的福建协和大学，还是如今的协和学院，那些激情燃烧的峥嵘岁月和闪光的日子被文字书写成不朽的记忆；那些激动人心的历史场景和难忘的画面被影像定格为永恒的瞬间，相信这些岁月积淀的荣光将激励着每位“协和人”执著坚定地走下去，在新的征程上奋勇前行。我想，这也是编者的心愿所在。

是为序。

2013年10月18日

上篇

百年黉宇 梦中宫阙

第一章 旧时光里的协和

福建协和大学已远，曾循着这百载春秋的记忆，登上仓前山观音井街上的八十余级石阶，寻访协和旧址。守护她的百年古榕静默无言；踏进洋楼，当脚步声叩响木梯，回荡的却是历史那沉重的叹息。也曾追逐着闽江东去的涛浪，闯入她位于魁岐的校址，古树掩映下的红墙旧瓦上，是藤蔓的狂欢；夕阳下青苔爬满的巷道，已不见了那白衣胜雪的少年和琅琅的书声琴韵，触目所及的不知是叫疮痍还是历史？更曾不远千里追着协大内迁的脚步，到山城邵武去看望那遗落的校区，以为“雕栏玉砌应犹在，只是朱颜改”，然而却是“无可奈何花落去，似曾相识燕归来”。于是，回到那散落的书页与黑白照片间，埋首其中，零碎拼凑，读着“绿绿的草，红红白白的花，几乎无处不是，无时不有”的字句，细细去感悟那段已然泛黄的历史，凝望着这些灰白的照片，想象着旧时光里的协和，该是怎样的一种色调呢？

一、从仓前到山水魁岐

■ 旧俄商茶行里的大学

1910年，作为中国东西南北四大战略中心之一的华南福州，被苏格兰爱丁堡会议的一份报告列入了“全世界大学”的计划中，而后，一个漫长而艰辛的大学筹建历程开始了。

自1911年成立筹备委员会，几经波折，到1915年才确定学校的中文名为福建协和大学，成立福建协和大学董事会，并聘请庄才伟先生（Edwin Chester Jones，埃德温·切斯特·琼斯）为首任校长。这是一位为协大鞠躬尽瘁、死而后已的校长，是福建协和大学最值得纪念的人物之一。

首任校长庄才伟先生

庄才伟（1880—1924），美国人，出生于纽约州长岛弗拉兴的一个美以美会宣教师的家庭。五岁时丧母，1898年于麻省威尔蒲拉罕中学毕业，在康省北田教了一年的书。后来进入威斯理恩大学学习，1904年取得文学学士学位。大学期间，庄才伟热心于学生事业，做了四年歌咏团团员、友爱会会员和学生立志布道团团员，毕业时被推举为大学荣誉学会会员。之后由美国差会派到中国来学习汉语，在美以美会创办的福州英华书院（今福建师范大学附中）教授自然科学。利用假期的返国时间，进入耶鲁大学研究科，专攻化学，取得化学硕士。后又回到英华书院教授化学。1915年被聘请为福建协和大学首任校长。

在1915年的夏天，协大校董事会批准了庄才伟校长租借福州仓前观音井街上的旧俄商茶行作为办学地点。这是一座两层的洋楼，一楼作为教室和礼堂，二楼是学生宿舍和校长住所兼办公室。这里后来也成了美孚洋行和福州基督教青年会的旧址。校舍三面有几株大榕树环抱着，紧挨着的还有几间低矮的瓦房。沿着屋后的一条小径可达烟台山。楼前的一块空地，作为网球、篮球、排球的共用球场，球场边是沙坑，跳远、跳高、撑杆等场所都在此处。而实验室和图书馆都是借用毗邻的英华中学，一切可谓因陋就简。但就是在这里，1916年2月16日，她迎来了86名学生，福建协和大学正式开学，是当时闽省最高学府，百年华章由此开始书写。

协和大学仓前山校址

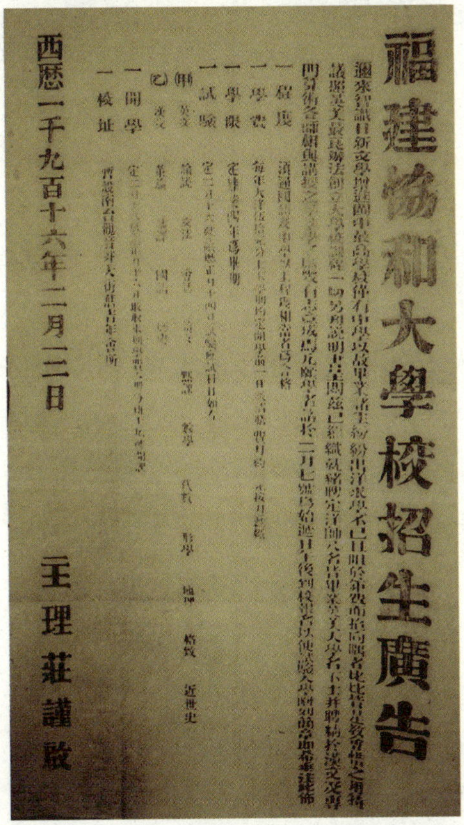

福建協和大學校招生廣告

[illegible]

一 程度 [illegible]

一 學費 [illegible]

一 學限 [illegible]

一 試驗 [illegible]

(甲) 英文 論說 文法 [illegible] 數學 代數 形學 地理 格致 近世史

(乙) 漢文 [illegible]

一 開學 [illegible]

一 校址 [illegible]

西歷一千九百十六年二月三日

王理莊謹啟

第一张招生广告

1919年的毕业典礼

1919年的毕业生

1920年的教职员和毕业生

1922年的毕业生

古榕下，洋楼前，青石板上，几个学生三五成群围坐着，时而高声争论，时而静默不语，二楼校长办公室的窗微微开着，校长的眉头微微皱着。

在协大的教学秩序步入正轨之后，庄才伟校长开始筹谋着学校的未来。一方面积极向美国的大学申请办学许可证，一方面为协大购置一处永久性校址而四处奔走、筹措经费。协大简陋且有限的办学条件必将限制她的发展，也可能带来对她办学水平的否认。庄才伟校长与校董事会成员高智先生、何乐益先生等在多方努力之下终于如愿以偿，购得魁岐这一风景绝佳之地作为新校址。魁岐是一个距离福州三十多公里的小乡村，这个幸运的小村庄因孕育一所大学而声名远播。

（洋楼前面）石阶上有个平台栏杆可供坐位。学生们喜欢在这里聊天、嗑瓜子、吃零食，教授们也经常在这里和我们闲谈，他们像是有意识地同我们交朋友。我们无所不谈，百无禁忌，无形中把这个平台变成了一个民主沙龙。

——张圣才《协大旧事》

■ “真善美的故乡”

魁岐校区

1922年春天，魁岐新校区已经修建足够的校舍，于是协大从观音井迁到了魁岐的新校园。

新校园坐落于鼓山西麓，面瞰闽江，占地约一千亩，十几座红墙建筑散入青松翠柏之中，错落有致，红绿相间，掩映成趣。魁岐作为闽江的一个海关口，每日晨曦暮霞，往来船只，舟楫绰约，一派忙碌之景，与校园的幽静相得益彰，更显生动。汪锡鹏先生在《全国大学图鉴》一书中热情地赞叹道：“协和大学的校景，有高耸的山岭，汹涌的闽流，像个雄壮的英雄……在协和大学里不单能咏诗，而且供给你高歌的豪迈！”学生课业之余，前可鼓棹闽江，游船戏水；后可远足鼓巅，穿林越溪，流连其中，恰至人间仙境，让人乐而忘返。学校门前有一

魁岐校区全景图

校门口的魁岐码头

条协大师生一起修筑的路，平坦而辽阔，人们称之为协大路。每日黄昏，晚饭过后，协大师生纷至沓来，三三两两，悠然散步于此，哼着小曲的，抽着烟的，拄着手杖的，执手成双的，脚步那样慢，似乎怕这路有尽头。偶尔有一个人跑到路边的台阶坐下，则其他人也会跟着赛跑起来，抢着石阶上有限的座位，你拥我挤，互相打闹着，熙熙攘攘，欢声笑语，其乐融融。嬉闹以后便是宁静，像在祷告一样静默，望向江面，帆船远去，和着波涛声起伏，掠空的白鹭点缀着。这里的世界是安逸的，休闲的。在这样山光水色之中，师生和乐于一堂，研究高深学问，养成高尚健全人格，形成协和独特的校风。

江边独自温书的学子

在魁岐月半生活，真的知道了许多自然景色的奇绝。无论在清晨或是傍晚，只要有怡广的心目就领略到太多了，值得赞叹的、叫好的巧妙图画。无论是早霞或晚霞，都一样的能令我神驰与遐思，朝旭或落日的反映，使得山、水、木、森、花、草、身边的一切，都染上了一种说不来的颜色。这样，常使我倚着一株树或坐在一块岩石上，呆了一两个钟头，甚至我忘记了不该忘记的事情。

——邹萍影《协大年半》

江边公路

当时的刊物上撰文如是说："福建协和学院的环境真是一个理想的高等教育的地方。她是在距离福建省会福州约三十里的一个乡村。在闽江北岸鼓山南麓，流光葱翠之间，有了二十几座高耸入云、精神饱满、气象壮健的建筑物。这二十几座建筑物，一半是在平原，一半是在斜坡。四时景色，各尽其妍，春水夏云，秋月冬霜，朝曦夕照，风雨晦冥，件件令人陶醉。人们从马尾到南台，在那宽平的闽江上，欸乃的桨声中，瞥见这样的一个村落几乎疑心是随波泛进了仙境，最少也要回味着牛津剑桥的风貌。就在这个场落里，有了五十多位的教职员，陪着一百八十多个男女的青年，终日孜孜

熙熙攘攘的协和人

钻研着各种学问，这就是我们要展布在读者面前的福建协和学院，是真善美的故乡，是农村的家乡。”

向来不曾亲近江山的，到此却觉得趣味丰富极了。书室的窗外，只隔一片草场，闲闲地流着闽江。彼岸的山绵延重叠，有时露出青翠的新妆，有时披上轻薄的雾，有时不知从什么地方来了好些云，却与山通起家来，于是更见得那些山郁郁然有奇观了。

——叶圣陶《客语》

魁岐校区正大门

光国楼窗里的理学院

光华楼（男生宿舍）

光荣楼（男生宿舍）

校长楼

建设中的文理学院大楼

女生宿舍楼

文学院大楼

理学院大楼

前为事务处，后为男生宿舍楼

协大运动场

亨利·墨菲（Henry Murphy）毕业于耶鲁大学，在协大邀请他设计魁岐校区之前，他已经是长沙雅礼大学、北京清华学堂、上海沪江大学等高校部分校园规划和建筑设计师。他尊重并喜爱中国的传统建筑，出于这种钟爱，他试图在西方的现代建筑与东方的传统建筑中寻求一个平衡点，这个平衡点后来就成为了他的建筑风格，即“陈酒装在新皮袋里”，燕京大学的校园就是个典型。协大的“瓜皮帽搭配洋装”也是这种中西融合的理念，中国传统的大屋顶式飞檐，加上钢筋混凝土，并配以现代化的照明、取暖、管道设施等，既保留了中国优秀的文化遗产，又迎合新时期发展的需要。

协大校园的设计师亨利·墨菲（右）

庄才伟校长

■奠基者倒下了

在协和大学日臻完善之际，庄才伟校长却因操劳过度而病倒，于1923年被迫返美就医，由高智代理校长。1924年5月30日，庄才伟校长因为支气管肺炎并发症与世长辞，年仅44岁。庄才伟校长英年早逝，是协大的重大损失。他在协大创始阶段做了大量的基础性工作，使学校的教学、制度、科研、规模很快接近或达到西方标准大学的水平，因此被视为福建协和大学的“奠基者”。1927年，福建协和大学落成的科学馆即以庄才伟先生命名，其人格与功绩永远烙印在协大的创业史上。

Edwin C.Jones Memorial Science Hall（以庄才伟校长命名的庄氏纪念楼，即后来的理学院）

庄才伟校长独身一人，以校为家，日夜工作，把生命献给了协大。不仅担任校长、化学教授、乐队歌咏团指导员，还奔赴于中美两地为学校办学筹措经费和聘请教师、申请学校的办学许可等。他亲自设计院系课程，关心爱护每一个学生，特别是外地学生，总是想尽办法使他们安心学习，提倡师生交谊会，树立了协大师生一家亲的良好校风。在当时办学条件有限的环境下，协大早期的教职员远赴重洋而来，多半是受到庄校长的纯真人品和创业精神鼓舞的。而庄才伟校长的仁爱治校奠定了协大精神中博爱的基调，更是用他的一生诠释了牺牲和服务。

庄才伟之一生，只是平凡的一生，一个布道者委实没有什么非凡之事。庄才伟之一生，便是个平凡的人加上个平凡的一生。第一件是他在华语上奇异的成功，“成竹在胸”；第二件便是他平生国际的人格了。我们各会如城如国的布道者和领事、商家、省长、官吏，他全认识。他的生平是面面方正的。他是网球的好手，敏捷而稳健，长于交际，从来没有孤立不群过，而且还有一副迥异寻常的欧陆丰标。办理公事，他从来没有失败，也没有错误。藏书精而且富，所以在学识上从来少居人下，至于谈吐之风流更无须赘述了。……他多方面的品格中最显著的性质，是他的创造力……做福建协和大学的首任校长，没有比这性质更需要的了。他委实是名副其实的，为着他继续不倦地创立大学的工作。然而，他之所以配干这个事业者乃在乎远过他的劳绩的乐观与真觉。……福建协和大学固亦自有始基，自有许多人的帮忙，然而这一个人的奋发的和精神的力量实济彼二者之穷了。而他之所以能够鼓起这种力量去历艰险而抵于成功者，又在于他的真觉和信心了。乐观是两面的，信上帝和人是两面的，勇敢和坚持也许正如马太、安诺德所说的一般，天才不过是平实的力行。他的乐观，他的力行，是他给予时代与后起的福音，是怎样的一个给现代中国的福音啊！乐观——信将来，信人，信上帝——与力行改善了不完全的世界。……一个人的乐观加上一个人的力行成功了一个不朽的机关，成功了永在的感力与品格，为着人们去力行而缩短了他的生命啊，这样的真觉和人格长存了！

——《FUKIEN STAR》（《闽星》）（Jones' Memorial Number）徐光荣，1924 年

第二任校长高智先生是庄校长毕生的朋友和助手，参与了协大筹建的全过程。出任校长后着手解决了校园债务危机，并致力于校园基础建设和协大精神的养成，成果显著。魁岐校园的标志性建筑——文学院和理学院两座大楼就是在高智校长的努力下建成的。然而由于“非基督教运动”“收回教育权运动”持续升温，高智校长于1927年递交辞呈，以智者的眼光“还政”于中国人，开创了教会大学华人主校的先河。接班者为首任华人校长林景润先生，亦是协和大学1919届的毕业生，即首批入学的86人之一。

第二任校长高智先生

邵武校区高智楼

高智（John Gondy），1869年12月7日出生于苏格兰，15岁移居美国。先后获卫斯理大学（Wesleyan University）学士学位、德鲁神学院（Drew Theological Seminary）神学学士学位、哥伦比亚大学（Columbia University）文学硕士学位和贝克大学（Baker University）神学博士学位。1902年9月偕同夫人一起来到福州，在英华书院执教，两年后任该院院长。1924年庄校长不幸辞世后，出任协大的第二任校长。

福建协和大学教职员会、学生会、青年会同人欢送高校长、高夫人回国

林景润，别号琴雨，福建莆田人。1919年本校政治学系毕业，得学士学位。是年被选派福建省公费生留美，入芝加哥大学专修政治及历史，1920年得硕士学位。同年得哈佛大学奖学金，在该校专修政治经济，1925至1926年在耶鲁大学研究社会哲学。1927年回国。1934年再度赴美，任哈佛大学特约讲师。1935年得卫斯理大学文学博士学位。是年经欧洲返国。曾任国民经济运动委员会委员兼专员及福建省分会储才组主任，福建省抗敌后援会常务委员，福建省地方自治推进委员会常务委员，中国文化建设协会理事及福建省分会教育事业委员会主席，中国基督教教育会长及高等教育参事会主席，第三战区文化设计委员会委员，福建省临时参议会参议员等。现任本校校长。著有《中华民国宪政发展史》、《中国治外法权》、《中国门户开放论》、《辽东案》、《今日中国教育问题》等书。

——民国三十年一月十五日《协大校友》第六号

第三任校长林景润先生

二、一滩高一丈，邵武在天上

邵武校区全景

■正确的决定

自1937年卢沟桥事变以来，日军以蚕食鲸吞的手段占领了我国华东、华北大片领土，特别是1938年徐州失守后，南京国民政府开始被迫迁都，此时政府电令全国各大中小学全面疏散，而华南一带已是岌岌可危。随着中日战事的发展，日机不断来榕轰炸，日舰沿福建各口岸射击并试图登陆，协和大学已经无法继续在原址办学，迁校是当时唯一的出路。而迁往哪里，成了一时舆论的中心，其中多数人建议跟随大流迁往香港这个安全之所，与其他高等院校联合办学。而林景润校长早就洞察到福州这个沿海城市不可能在战火中幸存，必然会卷入硝烟之中，在早些年便开始寻觅一个可以容纳协大继续办学的安全地带。坐落在闽北山地的邵武被选中了，她即将因收容一所大学而闪耀东南。

邵武古号樵川，富屯溪环护着这地形险要的山城，因此有“铜延平铁邵武”之称。当时的邵武没有公路，从福州往邵武要乘船经南平再往北，滩高流急，舟行不易，需船工一滩又一滩往上拉，何等艰辛！因此，有俗语曰：“一滩高一丈，邵武在天上”。邵武是一座由城墙围起来的小型城镇，人口一万左右，是理想的安全之所。且自从1880年以来一直是美国公理会（American Board Mission）的工作中心，有教会的基础。林景润校长力排迁校香港之议，决定迁往山城邵武，并租借了汉美、乐德两所教会中学的校舍和传教士的住宅作为战时校址。这个决定是正确的，因为随着战争的深入，香港于1941年底也被日军占领，彻底沦陷，而协大却在邵武这个闽北的小城获得了稳定的发展。

迁校邵武的船只

尽管战事逼近，但在迁校问题上一直存在着多种声音。决定迁校邵武后，关于如何搬迁的问题，就有一些师生尤其是大部分西方教员质疑："你可能将一所中学沿着湍急的河流向上搬迁300英里，到一个省界边的偏远峡谷里。但是，你搬不走一所大学，难道完全脱离自己的故土，而定居于一片陌生的地区不会使这所大学丧失原色吗？那些难以界定的精神难道不是以大学所处地区，以它的楼房和环境为其特征吗？"在质疑声中，林景润校长用行动作出了最有力的回答。

1938年5月底的一个清晨，闽江口岸歌声嘹亮，在一声声的保重与叮咛中，首批搬迁人员别了红墙建筑，别了魁岐这好山好水，登上三艘逆流而上的船，开始了搬迁之旅。全校分甲乙丙丁四队分批搬迁，甲乙两队于5月31日登途，6月1日到南平停留一天，改用货车运输，3日抵达邵武。丙丁两队于6月5日登程，6日在南平停留一天，8日抵达邵武。这虽是硝烟下的"逃难"之旅。途中舟车劳顿，人困马乏，但协大师生的创造性是无穷的，一路水程，一路歌声，苦中作乐在这里得到了最好的诠释。这次内迁到邵武的共有教职员37人，学生124人，协大即将在这个偏远的山城落地生根了。

我是第一次经历着这样长的水上旅行。这批人，包含有教授、太太、学生、勤务、小孩。除开人外，船上堆满行李。船刚离码头，大众很兴奋，争着往船头挤，水拍着船头一个很自然的节奏，引起了继续不断的歌声和着六弦琴、凡亚琴。整个的船，兴奋在音乐的气息中，船走得特别快。太阳也走得快，大家开始觉得热，兴奋过度，却感到有些疲倦，三四个人低哼的声，引不起大众的兴趣了，宏亮的歌唱没有了，渐渐的船头只剩下少数人还在留恋着怪异的山，急湍的水和奇特的凸出水面的岩石。这时船舱里斜躺着许多在睡的人，十余天的纷乱，总算得到了休息，好几个人尚玩着他们的旅途良伴——纸牌。

迁校邵武的船只

下午，吃饱了饭，大众的精神恢复了很多，所谓“滩”已引起了大众的兴趣，用快乐的呼喊表示惊叹。有时是山重水复疑无路的境况，我们就彼此推测着船应朝那一方向转弯。这时，船上的工人和我们熟识得很多了，他们开始卖弄着他们的知识，叙述着，指示着许多江上的古迹、传说和故事，一直到晚餐时船停水口。

翌日，清早即启碇，同学们对于旅途的兴趣，显然淡漠，我们寂寞，我们厌恶那驶不尽的滩，开始咀嚼着这句话：一滩高一丈，邵武在天上。

急盼着南平的出现，因为到南平后，我们就可弃舟乘车，换换滋味。

抵达南平后，过个夜，即由货车载我们而行，起首大家都不太满意，吵着要坐客车，吵到结果时，也只好堆上货车，但车开后在炎热的阳光下，迎风呼啸也觉得满有意思，虽然我们都变成黄泥土塑的人。

邵武的老百姓，用惊奇的眼光迎接我们这批避难者。

——邹萍影《协大年半》

■山城之光

山城邵武是一个从未有过大学的偏远山区，而协大来了之后，有多个省份的学生来到了这里，福建人仍占大多数，其次为江西、浙江、广东、安徽、江苏、湖北、河北等。到1942年日本侵略者占领福州和沿海的一些地方时，邵武成为了战时的安全地带，有其他诸多的院校搬来这里，邵武成战时中国一个重要的教育中心。

邵武校园初雪之景

虽是安全之所，但物质条件比之福州可以说相去甚远。然而山城的艰苦生活彻底改变了协大师生的面貌，坚韧不拔、朝气蓬勃的血气青年取代了过去的书生形象，那些衣冠楚楚、风度翩翩的白衣少年转眼间便剩下草鞋布衣，还时有补丁见长，甚至出现了不少“赤脚大仙”，很多时候都是几十个人共用一小豌豆青菜，就是在这种生活极度艰苦的情况下，协大师生在精神层面得到了极大的提高和觉悟。

迁校两年多后的1940年11月，曾任学校研究部主任、迁校时留守魁岐的历史学家埃弗雷特·斯托（Stowe，Everett Mckinley）先生在参观邵武校园后激动地写道：“我的同事们的脸上流露出人们梦已成真的欢乐笑容。……这是中国不可能被击败的一个原因。开拓者是不可战胜的。正是我这个新来者才罗列出一张在邵武的各自困难：一顿饭里没有肉，没有糖，没有盐，没有面粉，没有奶油，没有牛奶，也没有果酱。罗列这些困难的人可不是我的中国同事们，他们正忙着克服和忽略这些困难哩！”

抗战时期，物质生活很困难，两千多年前孔夫子称赞他的弟子颜回说：“贤哉回也！一箪食，一瓢饮，在陋巷，人不堪其忧，回也不改其乐，贤哉回也！”一竹筒高粱米（也可能是小米饭），一瓢盐水，确实很艰苦，但当年协大人，一碗稀饭加上一小碟数得清的几粒黄豆，同样也不改其乐。如果孔夫子也活在那时，无疑也会为协大人鼓掌叫好。

——王贤樵《樵川忆旧》

协大师生在战时物资极度匮乏之际，自己动手制作了教具、黑板、粉笔、酒精、胶水等，待一切教学秩序步入正轨之后，又着手创办民众夜校，教民众以基本知识和保家卫国的思想。一部分学生着手调查邵武县的农业、手工业生产状况，天然水力的利用，以及其他农业问题，并在每星期三晚上举行农村问题讨论会，专门研究当时的农村经济问题和农业生产改良。协大组织了农村改进同志会，旨在服务农民、改造农村社会，他们深入农村，了解农民和农业，进而与之合作从事农村经济、文化、教育等项事业的改进工作。由于福建农业教育的落后，又没有专门学校，使得农业长期以来未能长足发展，自协大迁邵之后，更是目击荒地遍野，沃壤千里，这一切促进了协大加强农业教育的步伐。所以将已有的农科扩增为农艺系和园艺系，加上农业经济系为三系，形成农学院。至此三院十六系已满足国民政府大学的要求，于1942年4月正式升为“大学”。

邵武校区校门

邵武校园科学馆

山城办学虽然异常艰苦，但作为一所“逃难的大学”，协大却在艰难中获得了巨大的发展和进步，教学设备、图书资源、师资、学生都堪与西南联大相提并论。因此，尽管学校地处偏僻，仍有一些重要来访者参观访问大学校园。其中包括国民政府教育部长陈立夫、前任校长高智先生、华南英国圣公会主教萨金特（Sargent）、哈佛一燕京学社的埃利西弗博士（Dr.Elisseeff）、剑桥大学生化专家李约瑟（Joseph Needham）等。

这一切的成果都彰显着协大人坚韧不拔、自力更生的品质，正是这种品质使协大在八年的战争中坚持了下来，为福建的教育科研作出了重要贡献。

邵武校园的一角

我的学校寄寓在富屯溪畔，“一滩高一丈，邵武在天上”。山和水隔断了烽火，富屯溪向我们展示它古朴而美好的风光。春水溶溶，溪流吻着岸边的小草，匆匆绕过山城。溪旁散落着几树桃花，几丛绿竹，杜鹃花烧红了溪畔山冈。聪明的农人在溪边营建石碓，溪水落差推动巨大木轮咿呀作响。秋天，水落石出，溪滩裸露出一大片灰白的鹅卵石。溪水下滩，在滩口被水下石子撕成锯齿状的微微起伏的波纹，奏着飒飒溪声，悠扬而清越。乌桕树叶子被薄霜染上轻红，将山溪点缀得更为娇丽。把捕鱼人晾在溪边的竹排推下水去，竹篙一点，载着游侣在清波上滑行。多谢这如诗如画的富屯溪，它给我们以安静的学习环境，它是我们在国难声中可以暂纾愁怀的密友。

——俞元桂《几许闽江情》

图书馆阅览室

（邵武时期）协大图书馆是当时全国高校有名的图书馆之一，藏书最多，内迁时特地雇了二十几条船花去几万元将200多箱图书仪器运来邵武。学校有自己制造的汽油，有自己的发电设备，每当夜幕降临，图书馆及各个阅览室（男女生阅览室分开）灯火辉煌，座无虚席，鸦雀无声，莘莘学子都陶醉在知识的海洋里。

——黄涛《大德是钦——记忆深处的福建协和大学》

邵武校区女生宿舍

邵武校区汉美楼

邵武校区高智楼

邵武校区公治楼

邵武富屯溪景色

邵武校区运动场

劳动中的协大学生

生物系主任郑作新在武夷山挂墩采集标本

陈兴乐博士（左三）和他的助手在吴丽岭乡村服务中心

学生农场实践

田野实践中的协大师生

民众夜校学生

陈立夫题词

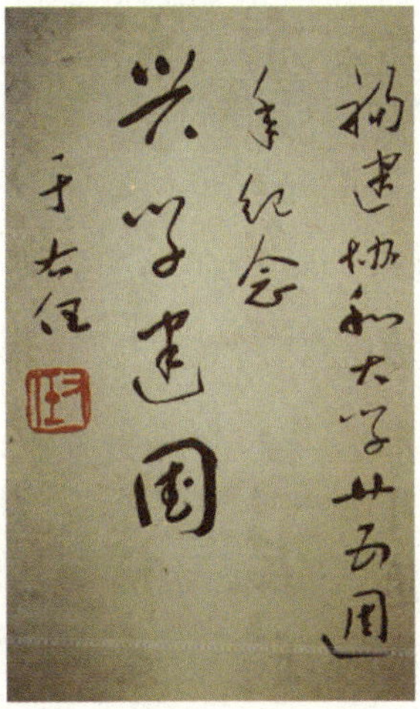

于右任题词

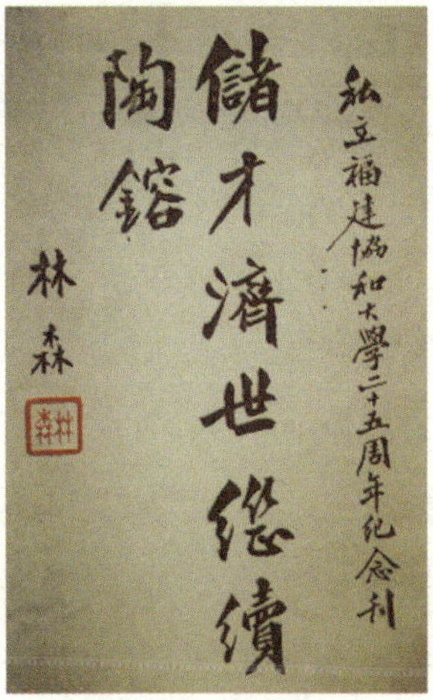

林森题词

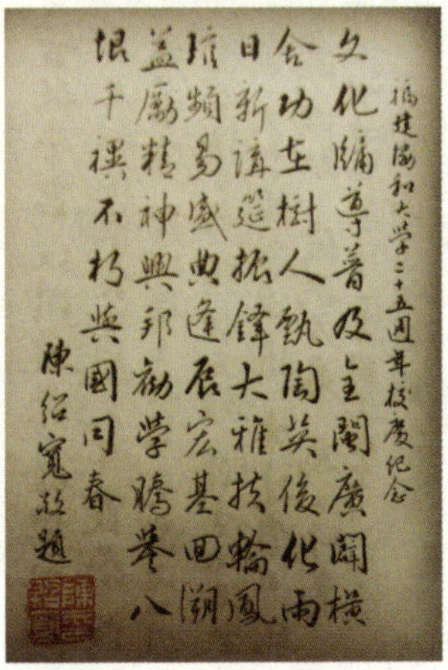

陈绍宽题词

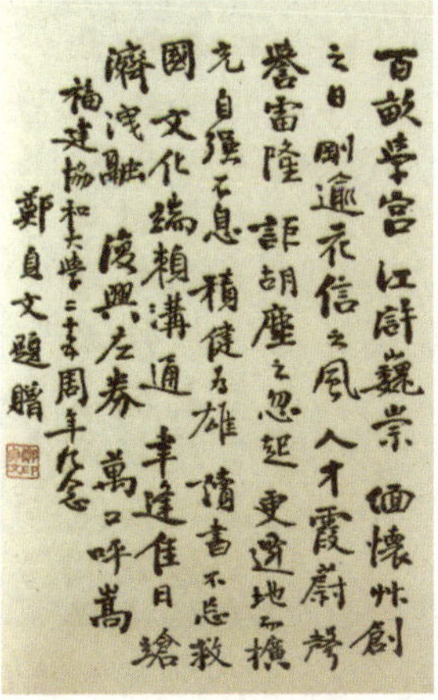

郑贞文题词

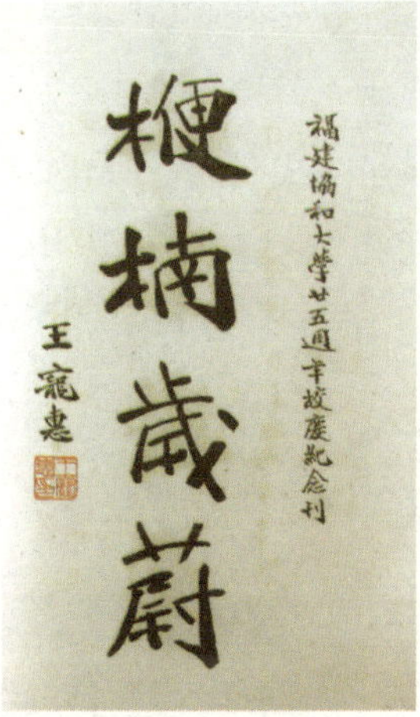

王宠惠题词

协和大学图书馆印章

■读书不忘救国

参军学生

五四运动以后，“读书不忘救国，救国不忘读书”的思想就开始深入学生群体，在动荡的年代里，知识的学习研讨与国家的救亡图存总是紧密地结合在一起。到了抗战时期，该思想更显示出了它的时代必要性。抗战全面爆发后，各个大学流离失所，或停办、或迁校、或联合办学，又由于大片国土沦陷、交通中断等原因，这个时代学生求学求知就显得异常坎坷。然而，正是在这种艰难困苦的求学条件下，协大坚持办学，且全校师生同仇敌忾，奋发有为，坚持“读书不忘救国”的思想，在八年的抗战中作出了一所高等教育学府应有的表率与贡献。

在邵武期间，协和大学师生响应国民政府“抗战建国”的口号，组织了“抗建五团”（抗建剧团、抗建歌咏团、抗建宣传团、抗建服务团、中乐团）进行抗日主题宣传。其中抗建剧团，不仅在邵武公演宣传抗日，还利用假期出发前线劳军和开展抗日宣传工作，利用文艺宣传的方式，加强工农学兵团体团结一致抗日。抗建剧团所到之处，皆受到热烈欢迎。其经典剧目有《金门除夕》《重逢》《烙痕》《血洒情空》《前夜》《死里求生》《胜利的前奏》《中国万岁》等。1938年夏，学校的抗建剧团应第三战区党政分会电请，取道江西而入浙江，先后在江西和浙江各战区公演，向前线的将士们表示敬意。另外，学校的合唱团也开展了诸多的义演活动，组织抗建服务团慰问军属、兴办军队和伤兵服务事宜等，并协助募集各种捐款，如伤兵之友、寒衣、急救包、难民救济及校园公债等。同时学校的歌咏团

参军的学生与校长合影

成员，担任邵武义勇壮丁队歌咏教师，教唱《我们要做一个新的英雄》《赶走东洋兵》等救亡歌曲，还曾发起全邵武大中小学校及各机关万人大合唱，创邵武空前之举。

邵武校园学生活动

协大师生积极响应国民政府空军建设运动，在爱国献机的伟大洪流之中，开展“教师号”和“青年号”飞机献金运动。校长林景润先生撰稿《建设空军保证胜利》，向全校师生昭明空军力量对于打败日本、解放中国的重要性和紧迫性，借以号召捐金。

“无空防即无国防。这是我国五十余个月来由血泪中所领到的教训。二年来欧洲的战争，也充分地阐明这话的真实性。我国兵源充足，将士英勇，民众民族意识高强，爱国热情普遍，又有英明果毅的统帅，表现中国的确不可亡。然而我们还不能将丑虏驱除于境外，来收复失地，救受难同胞于水火

献机运动

的，我们空军的脆弱，是一个大原因。要补救此憾，我们应从速建设强盛的空军。……我们现在做空军建设运动，自然要向英勇的空军将士深致敬意，我们更要以实际行动，竭诚地捐献，来表示拥护政府建设强盛空军的政策。我们认识，这个政策的成功，确能歼灭敌人的保证。同胞们，一起努力吧，使这新式武力建设早早地完成，来报答我空军人员的忠勇，促最后胜利的来临。”

——林景润《建设空军保证胜利》

白崇禧将军莅校参观

除此类学生团体活动之外，学校还定期举办四种集会，即每周举行总理纪念周，聘请名人演讲并介绍抗战之动态；每月一日举行国民月会，全体人员都参与，一起分析抗战的形势，以激发大家的抗日热情；师生座谈会，共同谈论时局，讨论国际关系；组织抗战建国研究会，在青年学生中树立抗战必胜的信念。期间，协大还多次邀请抗日英雄和功臣到校演讲，以鼓励学生，促进抗日宣传工作的进一步开展。如1941年6月16日，协大师生邀请原协大毕业生、时为将军的李良荣先生莅校演讲，介绍太湖之役经过及胜利情形。学校以种种形式让学生了解战场和局势，深化“读书不忘救国”的理念，自觉地把知识学习和国家命运、民族未来统一起来，树立正确的青年观。

1944年秋季开学伊始，本学期第一次时事座谈会在校大礼堂举行，参加同学达百余人，讨论总题为《世界各战场鸟瞰》，由陈庆年同学主席，包剑星、傅子礼、汪土星、潘维瑜同学分别报告各战场动态，讨论又历一小时半。意犹不足，乃定下次座谈会再行讨论之。

——《协大周刊》第23卷第4期

经过了八年艰苦卓绝的抗争，中国人民取得了胜利。1945年8月13日的夜晚，邵武全城鞭炮声此起彼伏，连绵不绝，处处红光闪耀，恍如白昼，因为八年的抗战终于结束了。胜利的消息最早通过收音机传到协大，顿时整个校园沸腾了，学生连夜拟写庆祝胜利的标语，编辑庆祝胜利的壁报专刊，第二天召开全校师生庆祝大会，中午举行全校学生自治会大会餐，晚上举行火炬游行，率队沿途高呼口号，直至声嘶力竭，仍无法停止协大师生传递胜利消息的喜悦之情。

剧团上演的剧目《罗宾汉》

三、闽江畔最后的徘徊

■漂流回家的大学

战争的乌云已散去，协大师生终于盼来了复员魁岐的时候。然而，如何把这个经过7年发展壮大后的学校搬回福州，却成了学校的一大难题。首先是运输问题，一路山高水急，舟行不易；再者是魁岐校区经过日军两次的驻扎和洗劫，已是残破不堪、满目疮痍，且原先设计容纳200人的校舍如何容纳现在的600多人呢？喜庆的日子里，

邵武校区的最后一餐

人们总是乐观的，喜形于色的学生们早已开始打点行装，都迫不及待地想回到魁岐校园。为了尽快地迁回福州，学校一方面由林景润校长先回协大原址，组织人力修缮房屋，一方面在邵武组织人员物品的搬迁。经过7年多发展积累下来的书籍、仪器、设备已是之前的好几倍，运输是最大的障碍。林校长运用闽江上放木排的传统，成功地解决了这一问题。

战后卸载科学设备和用品

订做回迁的船只

1945年11月，开始了搬迁工作，学校拆掉了几座简易的木质房舍，还购买了大批的木材，用于魁岐校舍的修缮，把木材捆扎成众多的木排，再雇请专业放排的工人，把协大置于木排之上，沿江缓缓漂流而下，经过三天的水程，妥妥地回家了，回到了阔别七年之久的魁岐。

本校复员工作开始于去年八月。校舍修缮经六个多月的不断推进，已大体完成。除被拆为平地的数座外，其余大小三十余座几皆恢复旧观。而文学院因屋檐展进三尺，较前且更为美丽。惟因材料的缺乏，经费的困难，以及时间的短促，许多部分尚待改进。尤以窗户上玻璃及铁丝纱的装置，无法提早完成，更属遗憾。修缮工作的艰巨，可于各舍内外的新痕补迹看出来。现在所看到的薪新的门槅窗框地板隔墙，都是沦陷时被破坏的补替踪迹。日军曾经驻扎本校，并利用科学馆为其难民收容所。数个月不断摧残破坏，遂使本校没有一舍一物是完整的。我特别保留日军在王院长住宅四围所筑的三个碉堡，供诸同学游观凭吊，以资警惕。

——林景润《协大复员》

1946年5月1日，协大重新开学了，师生莫不喜形于外，倍感精神。在复员返校第一课的升校旗仪式上，“全体师生齐集文学院大操场上，面对新旗杆，高唱庄严沉毅的国歌，每个人均感到特别之意味。升旗后，林景润校长步上讲台，作返校后对全体师生第一次报告，述本校复员经过情形。次由新任训导长邱长康训话，勉励学生振作自治，做一新中国之国民。最后唱校歌，林校长特别申述校歌即在此地产生者，‘协和大学闽江东，高山苍苍，流水泱泱’均为写实之句。各生聆言，觉今日所唱者方为切情切景之校歌，遂引吭高唱，声彻云霄……本校迁邵七年半，此次回校见此明媚校景宏丽校舍，无不赞为读书佳地，深表满意。此时到校报到学生已达618人”。学生梁安仁赋诗《魁岐协大即景》，很好地表达了他们回到故地的激动心情：

升旗礼

巍巍黉宇缀魁岐，一片玲珑隐约姿！
闽海浪翻陶壮志，鼓山云翠郁灵基。
归帆点点轻摇曳，夕照熊熊叠映漪。
劫后风光都如旧，弦歌复诵晋升期。

战时破坏的房屋

战时损坏的校长楼

林景润校长与夫人

■斯人的离去

喜悦的歌声还未散去，不幸的噩耗又传来了。日夜操劳的林景润校长病倒了，艰苦卓绝的八年抗战、贫困山区生活，加之日夜的过度操劳，使得癌细胞已侵入到他的肝脏，迫使他于1946年9月辞职赴美就医。途经旧金山时，即将出任协大代理校长的陈锡恩先生宴请他。席间，陈锡恩说：“我今天接受校长之职，明年此时奉还给你。”林景润感激地笑了，并许诺陈锡恩先生于次年六月三十日以前回校，他以为会再回来的，然而这次他失约了。他离不开协大，但没想到的是此次的离开，竟成了永别。

1947年的1月，湿冷的空气中多了几分凝重，协大校园一片沉寂，校门也饰上了黑布条，校园内下半旗志哀，所有的娱乐活动都停止了。大家敬爱的林景润校长于1月6日在纽约市长老会医院溘然辞世。8日，噩耗传到福州，协大师生泪洒校园，或是痛哭，或是低泣，熟悉他、热爱他的各界人士都感到无法接受与深深的遗憾。学校出版专刊悼念林校长，师生共同撰文缅怀与哀思。10日，在学校大礼堂举行林景润校

林景润校长在办公室

林景润校长及家人

长追悼大会，会场满座，走廊过道上也聚集了前来吊唁者，出席人数有七百余人。3月1日，福州市区也举行各界悼念林景润校长大会，人们将协大的发展归功于林景润校长的卓越领导，缅怀他、赞叹他。时任协大生物学系主任的郑作新教授在悼文《斯人不死》中写道："林校长的精神是博爱、牺牲、服务的精神。这是协大的校训，也是协大的精神。换言之，林校长的精神即协大的精神，协大的精神不灭，博爱、牺牲、服务的真理不死，林校长也永远生存，永远不朽。所以我说林校长并没有死，还在我们当中。我们每次想到校训，就听见林校长和我们说话。他的生命继续于协大的雄伟的校舍、美丽的校景、各院系的课程以及全校的基督教精神。他的精神表现于致力社会服务的协大校友中、教职员学生合作中、校中工人的敬爱中。……林校长未死，他还在我们当中，他是不朽的。"

以学校为家，二十年来任劳任怨，惨淡经营，无非心存协大；视教育如命，万余里载驰载奔，鞠躬尽瘁，遂叫泪洒他邦。

——校友会挽联

学业未成，方期早返校园，重聆训诲，噩耗传来，诸生如丧考妣；复原伊始，正盼完成使命，共尝苦甜，卜音远至，学校似折栋梁。

——学生自治会挽联

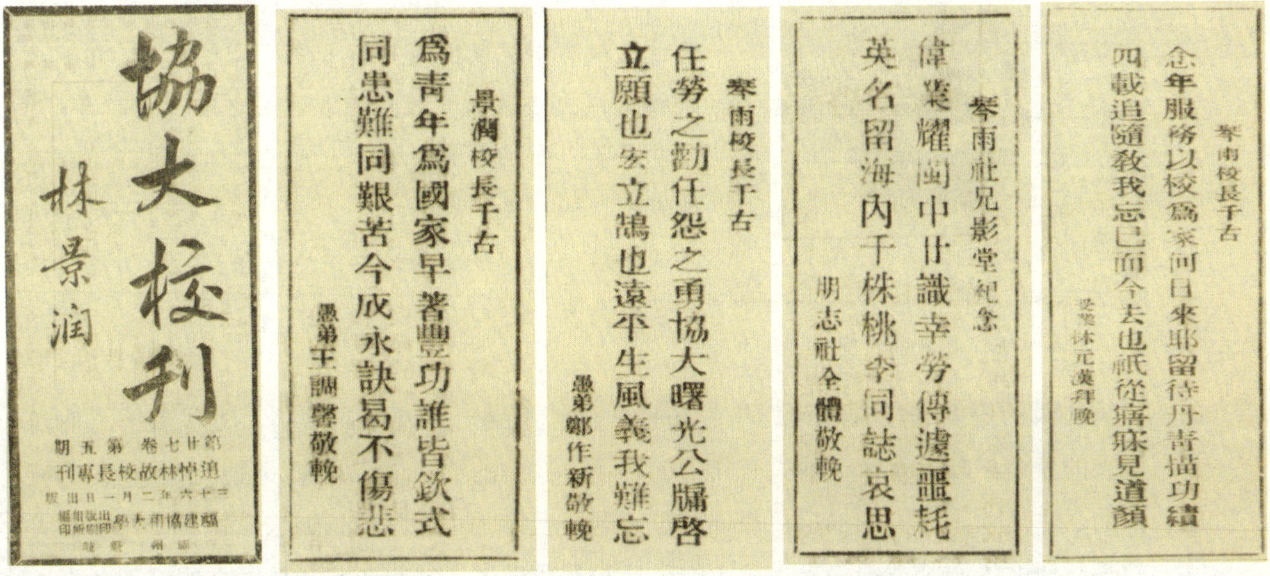

追悼林景润校长专刊及挽联

■历史的休憩

在协和大学近四十年的历程里，她的筹建时期刚好处于第一次世界大战期间，后又经历了北洋军阀混战、国民大革命、国民党新军阀混战等；好不容易刚稳定下来，第二次世界大战爆发了，被迫迁校邵武，逃难深山近八年，终于盼到抗战的胜利。然而，和平的喜悦又随着解放战争的到来而淡然。协大是在战争中成长起来的，在这样几乎没有真正和平的岁月里办学，艰难困苦是必然的，迷惑与无所适从也时有存在，但协大历经庄才伟、高智和林景润三位校长呕心沥血与惨淡经营，加之全体教职员披星戴月奋斗和团结协作，终成为了当时全国闻名、闽省首屈一指的高等教育学府，其办学成果得到社会各界的认同。但是，在经久战争的摧毁下，协大已是元气大伤，且在中国当时内政纷争的大背景下，中国教育发展停滞不前，甚至开始倒退。

第四任校长陈锡恩先生

陈锡恩先生1922年毕业于福建协和大学教育学系。1922—1924年在福州英华中学任教员。1924年在哥伦比亚大学教育学院学习，获得教育硕士学位。1928年回到福州，出任协大教授、教务长兼教育学院院长。1937年再度赴美，在南加利福尼亚大学继续研究文科教育，先任该校远东问题讲师，后任该校暑期学校比较教育讲师。1939年获得教育博士学位，应聘为该校教育学院教授兼亚洲文化学系主任。1946年再回福州，出任协大代理校长和校长之职。1947年6月辞职赴美，出任南加州大学东方文化学系主任兼教育学教授。1974年，南加州大学授予他荣誉博士衔。同年退休后，仍担任南加州中国协会会长、美国华学教师学会会长等职。

协大的第四任校长陈锡恩先生在接任校长不到一年便辞职赴美。时代赋予了他当校长的使命，却没有赋予他大有作为的时运。战后的物资供应紧张、通货膨胀、此起彼伏的学生运动、国民党的白色恐怖等等问题一个接一个向陈校长抛来，本该致力于协大教学科研的雄心壮志却陷入为协大的生计和解决学生运动与政府矛盾对立的繁琐杂事之中，他虽深爱着他的母校协大，却无力回天，只有赴美继续自己的教育生涯。接下去仓促上阵的第五任校长杨昌栋先生亦遭受时局的限制，也在任职一年后被迫辞职。由此，协大结束了校长时代，取而代之的是校政委员会时代。

中国人民抗日战争虽然取得了决定性的胜利，但战争给中国社会的破坏后果严重。其中战后的物资供应特别紧张，就是这种破坏后果的集中表现。学生开学时交了一整个学期的膳费，却因为通货膨胀，米价昂贵，而使学校食堂无法供应，有时供给的牛奶、麦片不够分配，大家只好抓阄。因此，陈锡恩校长整天地为学校的物质供给而忙碌，常常到省政府申请平价米。有一次他去美援机构（UNRRA）申请援助物质，主管的人指着一辆大卡车说：这是今天刚到的，你要就开走吧。陈锡恩校长虽会开车，但没有开过卡车，他硬着头皮将车开回了学校。此事传遍了校园，大家都来围观校长开回来的卡车，校长成了了不起的英雄。后来该卡车改装后，就成了协大的校车。校车每天开到福州城一趟，中途设立几个小站，周末还增加班次，大大便利了学校师生。

——黄涛《大德是钦——记忆深处的福建协和大学》

杨昌栋先生于1921年考入福建协和大学，以优异成绩提前获得学士学位。1925年任平潭开宗中学（今平潭一中）校长，同年秋入燕京大学深造，三年后获硕士学位，后任福清龙田融美中学（今福清三中）校长。1930年秋在耶鲁大学学习，获得社会学博士学位。1934年回国，出任福州协和职业学校校长。抗日战争期间，福建沿海十多所私立教会中学内迁顺昌元坑合并成立卫理联合中学，他出任校长。1942年秋任道学院（福建神学院）院长。1947年任福建协和大学校长。

第五任校长杨昌栋先生

1949年，在艰难维持与等待的时日里，协大师生盼来了福州的解放，随后福建省人民政府成立，包括协大在内的福州各级各类学校的教师代表于9月初去见人民政府教育局长，询问应该做些什么时，得到的答复是："你们比我们更懂得办教育，继续照过去的那样办就行。”但到了1950年，情况开始改变，先是外籍教师相继离去，尔后教育部召集了全国接受外国津贴的高等学校代表在北京开会，这次大会的主旨之一就是要“截断一切与美帝国主义的财金和思想联系”。1951年2月，协大接到了福州中国银行的通知，美国方面已经冻结了美金票据，做出了原先兑折的人民币免予收回的决定。这就说明了在美的中国基督教大学联合董事会已经完全切断了与协大的经济关系。于是，人民政府接管协大和华南女子文理学院，并将其合并为国立福州大学（1952年8月福州大学又与福建师范学院合并，仍称福州大学。1953年9月5日福州大学改名为福建师范学院。1972年福建师范学院改名为福建师范大学，沿用至今）。两校合并暨福州大学成立典礼于1951年4月12日在魁岐的协大校园内举行。

合并后的福州大学

至此，协大走进了历史，她的辉煌、她的荣耀、她的光环都成为了过去，协大开始了漫长的休憩。

协和之名在历史上休憩了52年，这一休憩有点长了。

第二章　大德是钦的回响

“协和，协和，大德是钦！”是协大校歌的末句，亦是校歌的精髓所在。“协和”二字最早见于《尚书·尧典》：“九族既睦，平章百姓。百姓昭明，协和万邦。”这里的“协和” 一语双关，既是校名，又是一种大德。“以德先人”“德才兼备”是自古就有的教育主张，协和大学校歌的点睛之句的理论来源就是中国的传统德育思想，而“德”所包涵的品质太多，这里以“大德”概之，可见协和大学对于培养对象的首要要求是要具备“大德”，校训 “博爱、牺牲、服务”三者皆是“大德”，正是在这种“主德求善”的教育理念的潜移默化下，协和大学的1300多名毕业生皆为栋梁之才，他们或是前沿的科学家，或是各行各业中的一员，为国家奉献着不同的人生，但都秉持着一颗“协和”之心，一颗“大德”之心。

人格教育、教学科研、服务社会三者始终贯穿于协大的办学始终，在这其中，光大了“博爱、牺牲、服务”的校训精神，营造了大同和乐、协作共进的学风，构建了适应社会、服务人群的校风。“大德”源于一代协大开创者对高尚人格的追求，孕育于协大的大家庭化教育模式，成长于协大师生的协作共进中。协大三十五年，“大德是钦”却回响了一个世纪！

一、历久弥新的旗帜

■协大精神的既往与流长

博爱、牺牲、服务，是协大的校训，更是协大的精神。

自1916年创办，校训一直是协和大学的灵魂所在，协和大学的历任校长亲身践行着校训，“以博爱的情怀，用牺牲的方式，达到服务的目的”，把校训精神播撒到协大校园的每一个角落，协大师生的高尚品德即养成于此。

我们几个不务正业的学生，电影看上瘾了，每到礼拜六晚上一定要出门看戏，电影散场后，还要到馆子饮茶宵夜，常常深夜才回校，庄校长没有说什么，而是漏夜守在窗前（他的宿舍窗口正对着学校后门），一听到我们回校的脚音便高声为我们喊门房开门，还在楼梯边迎接我们，说声晚安才自己去睡觉。他从没有说一句重话。倒是以后，我们自己觉得太不像话了，改变作风，早出早归。

——张圣才《协大旧事》

庄才伟校长终生未娶，为协大的发展奔走于中美两地，竭尽心力于协大，不幸英年早逝，此种服务、牺牲的精神自然内化为协和大学的精神。继任的高智校长亦是尽职尽责，筹款解决校园债务危机，同时建造了协大标志性建筑——小加德纳·霍尔纪念馆（Gardiner Hall Jr.Memorial Arts Hall，亦称文学院大楼）和埃德温·C·琼斯纪念科学馆（Edwin C.Jones Memorial Science Hall，命名为庄氏大楼，用以纪念庄才伟校长），奠定了协大魁岐校区的基础，又适时地“还政于中国人”，其人格与作为亦是协大校训的真诚体现，徐光荣教授赞叹道：“高智博士对中华民族的忠诚，对同伴的热爱和自我牺牲精神使他成为我们所有人的灵感源泉。”林景润校长主校期间，对校训精神的强调与阐释更是深入具体，陈锡恩先生撰文盛赞：“他的哲学、办事精神很容易归结于他所给协大的校训：‘博爱、牺牲、服务。’他常说：‘这三点不可分割，没有牺牲，服务就无效，没有博爱，牺牲是做不来的。’……博爱、牺牲、服务，在他生活中，不是空谈，不但是演讲的资料，而是他日常立身之则。他的服务精神：日夜孜孜，无私无己，刻苦耐劳，毫无怨尤而忠实地任他的职责。他的牺牲精神：他不求虚荣，不求私利，只求公家的利益，最终把整个的生命都奉献了。”

协大的校训“博爱、牺牲、服务”一直是协和大学的灵魂所在，每一个协大人身上都有校训的印记，这印记随着年岁的增长，愈加深刻与清晰。

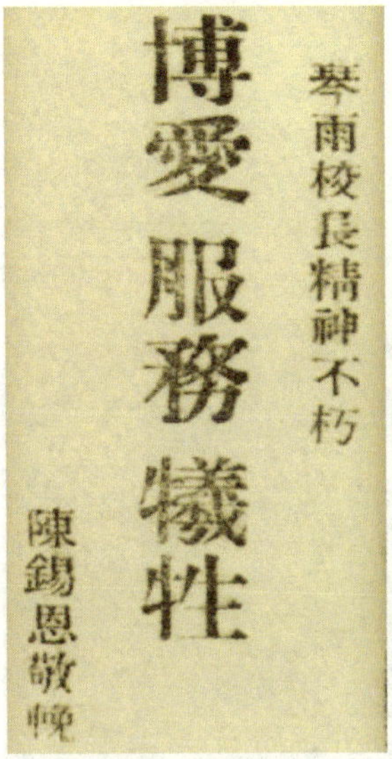

陈锡恩悼挽林景润校长

博爱、牺牲、服务是母校的校训；勤奋力行是本级的级训，所以我们应勤于服务，奋于牺牲，力行博爱，这样才不会辜负对我们有所期望的人。

——民三三级潘其西的毕业留言

此间有浴沂风雩咏归之乐，相期以牺牲、博爱、服务为怀。

——第八届毕业生敬祝母校二十五周年庆

协大教育的宗旨在牺牲、博爱、服务三种高尚的目的。我们教育的对象也就是在培养高尚的人格，协大教育的精神是不敢与世苟同，为的我们有深刻的认识，知道在教育的效用上除了提高人类的德性，培养高尚的人格外，别的没有其他更切实的责任。

——林景润

■儒雅赋咏，弦歌不辍

校歌

在协和百年的历史上，有一首歌，自它诞生之日起就没有停止过传唱，开学时唱，集会时唱，庆祝会时唱，迁校时唱，和平时唱，战争时唱，送别时唱，欢聚时唱，一个世纪过去了，协和大学已经淡出历史一个甲子有余了，然而，今天仍然还是有人会时时地唱起她——协大校歌，于旋律之中，总有那么些闪闪的泪花从微笑中流出：

协和大学闽江东，世界思潮此汇通。
高山苍苍，流水泱泱，灵境产英雄。
萃文化，作明星，明星照四方。
无远弗届，真理是超。
乐群众于一堂兮，作世界大同之先声。
协和，协和，大德是钦！

福建协和大学校歌

闽江东流水

此歌创作于1928年，吴钟麟作词、陈锡恩作曲，二人均为协和大学1922届的毕业生。山水育人，协和情愫生于斯，长于斯，得天独厚的地理和“真善美”的人文一起融成了这首意境高远、雄浑有力的绝唱。这也正是协大校歌的独特魅力之一，不是名家填词作曲，却得以传唱至今。校歌中的每一句，皆是协大风貌、协大精神、协大教育理念的真实写照。他们只是朴实地表达了协和大学，便儒雅赋咏，弦歌不辍。

灵境英雄

凡是在协大耽留过的人，无论教职员或学生，从起句“协和大学闽江东”开始，无不能朗朗上口，歌声起处，气势响遏行云，令人立时仿佛回到昔日弦歌不辍的金色年代。

——叶明勋《陈锡恩与东海大学》

协和大学的校歌歌词简洁凝练，其中浓缩了儒家古训，又与时代精神相结合，引经据典，含蓄隽永，歌曲音韵和谐、旋律流畅，又多是写实之句，富有强烈的感召力和认同感，通过与音乐的珠联璧合，在传唱的同时，既可知传统文化本源，又可领会学校赋予的教育理念和时代精神，它把大学精神教育提升到一个更高、更广阔的境界。荀子说过：“夫声乐入人也深，其化人也速。”这种雄壮豪迈的校歌，既能唱出激昂澎湃的气势，又能激励学生奋发向上。

高山流水

音乐教育传统

自清末提倡新式西学以来，音乐教育在中国不断得到发展。随着近代教育的推进，音乐成为新式教育的一部分。最早开始的音乐教育是学堂乐歌，主要教授西方的一些经典曲目。受学堂乐歌风潮的感染，我国近代著名教育家蔡元培、陶行知、张澜、刘半农等，以及众多的乐歌作家，如沈心工、李叔同、萧友梅、程懋君等都参与过学校歌曲的编创，至20世纪初，已经有规范的音乐课程设置和成熟的学堂乐歌歌集出版。

协大歌咏团

歌咏团演出

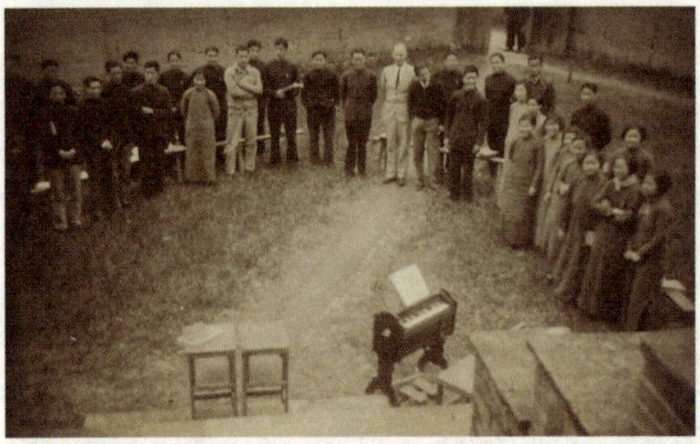

邵武时期的音乐练习会

徐克丽女士与歌咏团成员

协大传唱了近百年的校歌是自己的毕业生填词作曲，显然，她有很好的音乐教育传统，这主要得益于西方教师。其中贡献最大的要数徐克丽女士（Agnes Kelly艾格尼丝·凯利）。自1918年到协大教授音乐课程，直至1949年离开，前后达32年之久。在徐克丽女士的倡导下，协大音乐系的师生及其他系对音乐感兴趣的学生一起组织了音乐研究会。旨在使大家于课余有机会消遣娱乐，发扬天机，同时既可练习普通音乐，又可以介绍西乐于国人。课堂上下，校园内外，随处有悠扬音乐传出，协大校园每个角落里都有令人陶醉享受的歌声。在徐克丽等一批热心音乐、热爱协大的西方教师的努力和感召下，歌声与琴韵和鸣成为了协和大学一道独特的风景线。

每年的春秋季两场音乐大会是协大音乐最张扬、最充分的表达，除此之外，还有钢琴演奏大会和管弦乐队公演等音乐盛典，皆是协大音乐教育之成果。

管乐五重奏乐队

音乐是协大师生一起演绎的至情至性的精神盛宴，也是中西文化弥漫协大校园的一种集中表现。由徐克丽等一批外籍教员所发起而致力教导的协大歌咏团、钢琴会和管弦乐队，通过自己的辛勤演出，将中西文化之精华通过音乐形式传布协大校园内外，在悠扬飘逸或激越慷慨的歌声中，听众潜移默化地感受着东西方文明的魅力，从而感悟着协大共同的信仰：博爱！

口琴会

民乐队

1932年秋季音乐大会盛况。“12月2日晚假文学院大礼堂举行。一是团体歌唱，系由协大歌咏团全体合唱，前后共四首，①Thinker' s song；②Drums；③India Spirituals；④The Hundred Piper' s Seotch Air。二是男女合唱，系由本校女同学对唱歌有研究者和歌咏团一部团员合唱，共唱两首：①O Soldier, Soldiers；②Venetian Love Song。三是钢琴演奏，系由校内钢琴练习班选出三人表演，秩序共有四条：①余庆年君独奏Salut D' amour；②杨锡圭夫人独奏Waltz-Chopin；③张品季女士、杨夫人合奏Fifth Symphony Slow Movement；④张品季女士独奏Country Gardens。四是国乐。本次音乐会，除上述（英文歌曲）秩序外，复特请本校国乐团莅会演奏，该团是晚特将国乐之特优者择出三者，当场演奏，歌音悠扬，阴阳顿挫，尽技术之能事，博得听众欣奖不小。演奏毕，特由歌咏团合唱本国古时乐调，乐名《四季相思》，得徐夫人改用西乐方法练习，既得音律之准确，复配词意之点缀，唱来真是声声入耳，听去恰是句句入心，又次唱佛调一首，亦极得法，会众均感兴致，欣赏不已。”

——《协大消息》第1卷第8期

二、寓学于乐的社团

协和大学的师生富于团体生活，每当斜阳西照，白帆归棹之际，柳下江干莫不成群结队，各个社团、会社成员相聚于此，或探讨研究，或会聚以增进感情。每个小团体时不时便有争论声、欢笑声晕开，一阵一阵的，随着闽江的波涛声层层涌动。其他的假日课余，协大师生有时汪棹绿波，有时逍遥深林，听涧水之潺欢，享师生之和乐。

课外活动的丰富多样体现于协大学生社团生活的多姿多彩。学校不遗余力地指导学生创办各种社团，以此培养学生的自律自为品格，同时锻炼学生的组织能力、实践能力和自治能力。

化学俱乐部郊游

生物学会会员赴川石海滨采集标本

教育学会

英语练习会

民二七级级会留景

艺文社

明治社

国术社

中国文史系并艺文社

足球队

东南篮球队获奖

男子排球队

女子篮球队

女子排球队

1931年协大主要学生社团

1	社团性质	社团名称
2	学术研究	自然科学研究会、福建文化研究会、社会科学社、戏剧研究会、音乐研究会、党义研究会、军事教育研究会、历史研究会、法文研究会、国语研究会
3	学术刊物出版	自然科学季刊、学生自治会周刊、学生自治会季刊、党义研究报告、协大半月刊、校友特刊、协大学术等
4	团体娱乐	协大歌咏团、协大中乐团、协大西乐团、协大青绿剧社、学生自治会游艺室、学生青年会游艺室、协大劳工同乐会、野餐会、远足会、参观团、学生自治会游艺会、青年会游艺会等
5	体育运动	协大网球队、协大篮球队、协大足球队、协大田径队、协大乒乓球队等
6	同学会	协大闽南同学会、协大兴化同学会、协大青年会同学会、协大三一同学会、协大格致同学会、协大寻源同学会、协大英华同学会等
7	乡村服务	协大附设民众学校、协大附设魁岐小学、村通俗演讲团、谷种选择研究团、蚕丝改良研究社、蜜蜂研究社、标本采集团等
8	党务活动	闽侯县党部直属区分部、工人党义演讲会、乡村党义讲演队等
9	合作社组织	民生合作社、明志合作社等
10	同级会	毕业班同级会、各年级同级会等

（《私立福建协和大学总则》）

现摘取协大出版刊物中对部分社团的介绍，以飨读者。

◆歌咏团——每年在徐光荣、祝寿康两夫人指导训练下，一班具有音乐嗜好的同学，遂得练习歌唱，每学期该歌咏团举行音乐会一次，在校内抑校外，视实在需要而定。历年收获卓著，社会遐迩称许。该团内分唱歌班、乐队、钢琴班等组，分别练习各类乐

歌咏团音乐会

器。一逢盛会各组遂得将所习手技向众表演，使同学得有听赏好音乐之机会。该团在福建之音乐界上，年有贡献。每学期中皆有音乐之举，博得荣誉不少。会旅行厦门各地开会。属于创举。自从徐夫人回国之后，祝夫人继其指导之职，鞠躬尽瘁。本团之成绩当更日上。歌声琴韵，悠扬于山水之间，闻者无不心醉。

1942年庆祝国庆并欢迎之江大学

协大学生自治会为庆祝国庆暨迎新大会并欢迎之江大学，于（1942年）10月9日假文学院大礼堂公演《红心草》三幕剧。大会由张先大同学主席，陈爱琴同学致欢迎词，继由林景润校长、之江大学校长李培恩训诲，后由新教授代表陈公木先生及新同学代表林道平致答词，开会始末情况欢洽。会终有抗建歌咏团指挥歌咏，及抗建剧团公演王梦鸥编之《红心草》三幕剧，林蓝云同学导演。剧情生动，布景美丽。

——《协大周刊》第18卷第3期

福中同学会

闽南同学会

◆摄影事业研究会——协大校址佳胜，摄影艺术之发达自无足异。民国十五年秋季，本校化学物理两系开设摄影学。嗣后该班常有人满之患。该班师生爰于是年组织摄影事业研究会，借以互相研究而收进步之实益。科学馆落成后，一切设备尤臻完善，暗室冲洗器具以及一切药品等无不应有尽有。尚有特别仪器多种，如显微镜、摄影机、各种专门照相机器、放大镜等，以供应用。会员于春秋佳日携相机一架，探寻胜景古迹，收入影本，以资比较。近本校发行部选择景片之佳者，制为铜板，印成信片，以公同好。

◆教育学会——协大教育学院同学鉴于教育之日新月异，知非于课外加以研究不可。乃于民国二十年春季组织教育学会，亦研究教育问题及调查教育实况为目的。其组织有常务委员2人，文书会计庶务各1人。其工作计分3项：①请校外对于教育富有经验者来校演讲；②参观各地教育实施状况；③组织讨论会，报告各会员研究之心得，并讨论一切教育问题。该会成立伊始已有会员40余人，会务进行极为顺利，将来对于本校教育当有不少贡献。

闽南同学会欢送同乡毕业生

◆协大青绿社——戏剧为发达艺术天才之绝妙工具，具有审美之无上效力，学校间提倡风行已非一时也。本校位于八闽鼓麓，山清水秀，鸟语花香，大自然之美丽在在足以涵养心性发展美感，同学中因是早有戏剧社之组织，以为提倡艺术之欣赏与表现。该项剧社由同学中有是项兴趣者自动组织，于学期中择定相当机会公演，间或利用放假时日赴省会及乡村通俗表演，曾于游艺会中公演该社作品《面包》，及田汉氏之《咖啡店之一夜》独幕剧，处处博得人士之欣赏。同学中前往参加者极为踊跃，该社嗣后贡献殊多，其使命之进展，正方兴未艾也。

剧团	剧目名称	演出地点	演出时间
救亡剧团	《金门除夕》《重逢》《烙痕》	协大文学院	1938.6
	《血洒情空》	邵武福州会馆	1938.7.7
	《夜之歌》《反正》	协大文学院	1938.9
	《前夜》	协大文学院	1938.10.10
	《故都的一角》《有力出力》	协大文学院	1939.1.1
	《最后一计》《东北一角》	协大文学院	1939.2
	《春风秋雨》	协大文学院	1939.4
	《汉奸的子孙》《夜之歌》《蹄下》	协大文学院	1940.1.1
	《死里救生》《胜利的前奏》	协大文学院	1940.2
抗建剧团	《凤凰城》	江西浙江福建各地	1940.5
	《牛头岭》	江西浙江福建各地	1940.5
	《绝色马》《空屋男女》《珠江怒潮》	协大文学院	1940.9
	《中国万岁》	协大文学院	1941.1.2
	《一年间》		1941.5
	《绯色纲》		1941.6.6
	《同一线上》		1941.6.7
	《雾重庆》《北京人》《结婚进行曲》《蜕变》	协大礼堂	1942
	《野玫瑰》《家》《金玉满堂》等		1943、1944
协大剧团	《大地回春》《雷雨》《日出》		1945
	《此恨绵绵》	协大礼堂	1947.4.5

（《协大周刊》第13卷第6期、《协大校刊》第28卷第2期、《私立福建协和大学25周年校庆纪念册》、《舞台人·25周年校庆纪念特刊》）

福建文化研究会

◆福建文化研究会——该会发起于民国十九年秋季，联合教职员及学生中有志于文化研究者，分六股研究：①语言股；②民族股；③史地股；④歌谣股；⑤风俗股；⑥物产股。每股设有股长一人负指导及联络之责，每三个月开全体会议一次，由会员报告研究成绩，及宣读论文，并于此后发行会刊《福建文化研究》，发表研究论文。

福建文化研究会

文化研究会欢迎美国哈佛大学教授叶理绥博士

无花无酒过清明 浙江同学会玉皇阁郊聚

月之六日，为清明时节。浙江同学会聚于玉皇阁，以赏佳节。是日宿雨初晴，溪山如画。顾问顾华孙教授亦偕往焉。一路载言载奔，无不欣奋。既登山，乃席地围坐。虽无有好花佳酿，而几块素点，一盏清茶，亦足以增畅叙兴味。席次笑语层出，尤以成语嵌入名姓，轮推诵出之游戏，使各人搜索枯肠，最饶风趣。及夕阳西下，乃尽欢返校云。

——《协大周刊》第12卷第6期

◆音乐研究会——协大音乐系师生及他系有兴趣于音乐者组织音乐研究会已经多年。其宗旨在使同学于课余有机会以消遣娱乐，发扬天机。同时既可练习普通音乐，又可介绍西乐于国人。本年会员计20余人。校内凡有开会，辄参加秩序助兴。外界开会，亦每蒙邀请弹唱。现时该会先设口唱练习班，及钢琴练习班，以后亦将添设各种乐器练习班。本年各会员皆极活泼，高兴学习。晨昏余暇，辄闻歌声与江山之天籁相应。是亦学生生活之一种紧要组织也。

◆国语研究会——语言为民族生存最紧要之工具，语言得能统一，民族意志自可团结。盖语言为文化进步之代表，为思想发表之利器，运用之方法能纯熟，运用之范围能普遍，其关乎国计民生实深且大也。协大国文系有鉴于此，爰组织国语研究会，其目的：一在提倡国语之运用，求其纯熟，以为思想发表之工具；一在推广应用之范围，求其普遍，以为语言统一之标志。该会订每星期下午六时至七时为会员研究及练习时间，每次聚会先请校内对于国语素有研究之教授演讲，次开国语留声机片，该会利用无线电发音机以便放大声浪以供会员练习时参考之用。该会为提倡竞用国语起见，复于每学期举行国语演说会，或国语辩论会一次，以为会员表演国语口才之机会。溯自成立以来，仅属经年而成绩卓著，学生参加者与日俱增，极为踊跃。

福建省各大学联合国语辩论会

行春门外踏春蹊·英语研究会野餐

英语研究会以春光将去，无计留春住，对此大好春光，大自然之美色岂可不加欣赏，爰于月之十四日举行野餐于行春桥畔，亦古人修禊之旨也。到教授同学约数十人，出校门东行，一路以英语互答问，欢声盈耳，约十时许即至行春桥畔。是时，枝头好鸟，陌上新花，远望绿荫成盖，芳草如茵，水湲山静，怡人欲醉。诸人或席地而谈，或倚树清歌，皆能成趣。午刻进餐，亦自别饶滋味也。少憩，而游戏始，集师生长幼于一群，分组竞赛，共争锦标。历时二勾，全体几忘其置身所在地。及午后一时，始于悠扬之会歌声中绕道返校云。

——《协大周刊》第13卷第4期

◆数理学社——数理学社成立于民国二十一年十月间，专以研究物理及数学上各项问题为责任，校内对于是项研究有兴趣而参加者亦不乏人。

数理学社

化学社

◆化学社——民国二十年秋始行分设于自然科学社，次年五月二十三日始得校方批准立案，最初社员31人，林一任社长，每两星期召开常会一次作学术研究及各种介绍报告等，出版半月刊即手抄壁报，每期12页。于1932年3月15日出版第一期。1932年秋社员增至51人，出版周刊，改用油印，每期十余页，第1卷共11期。1933年春出版第2卷共8期及为全省自然科学展览会出版特刊，用铅印字，内容渐臻丰富，组织亦趋周密，工作范围日益扩大，各项活动更具系统。

化学社全体顾问及社员于（1942年）十一月十二日上午七时半在本校摄影后，即出发故县街制窑厂附近举行野餐，并参观制窑厂。在餐前举行该社第139次常会，由潘其西主席、王调馨院长讲述制窑原理及步骤，增益社员见闻不少。继由洪惠忠同学报告编辑工作进展情形及计划，王浴生同学报告研究股制造香糊、麦芽糖及雪花膏之经过。游艺则由黄惠珍同学主持，烹饪由张利杰负责，江汉烧火技术高明，怀诚服务精神甚佳，其他社员精神饱满，咸有喜色，会场极有生气。下午一时半兴尽返校，顺路又参观难童教养院。

——《协大周刊》第18卷第8期

12月19日在本校理学院举行化学展览会，展览会设在学校科学馆第三层楼，特于走廊各处彩结布置，电光辉映，花草点缀，备及新巧。在壁上分贴标语，有“化学可以改良日常生活”“要完成建设非有化学不可”“要得到适宜得营养非有化学常识不可”“化学是一切新工业的基础”“要振兴农业不可不发展化学”。化学展览物品分别陈列于化学系两大实验室，各室内外均由化学社社员侍立招待。其中展览品类有四大类，一为图表及标本，二为日用化学解释，三为工业化学程序，四为模型。四类中尤其以关于日用化所之展览材料最多。如利用图片以示制糖、制丝、淘金、制盐、开矿、制咖啡、制面粉、制橡皮、制绳等之化学常识，又如洗衣皂、蓝印术、油漆材料、化学溶液之色彩，味精制造法等亦能实地表现其科学上之原理及特别之效用。……展览会上还有团体化学表演，先由社长蔡彰彬报告程序，继由各社员出场表演，各献所长，各精所艺，观者巧趣丛生，对该社研究之努力，提倡之有心，莫不钦佩备至。

——《协大消息》第1卷第12期

自然科学社

戏剧俱乐部

化学实验室

物理实验室

生物实验室

生物实验室

生物系师生活动

第三章 芝兰与归燕

一、满室芝兰香

协和大学创办之初，教师仅有9名，学生86人，历经35年的苦心经营，可以说是“桃李盈门，芝兰满室”了，这也是对协大办学硕果最贴切的形容。协大为中国科教界输送了数千名精英人物，他们成为各行各业的生力军，甚至是学科的领军人物，其中包括12位中国两院院士——王应睐、冯康、黄维垣、黄祯祥、林兰英、唐仲璋、郑作新、曾呈奎、唐崇惕、余松烈、卓仁禧、俞永新。无论是普通中学的教员，还是两院院士，他们本着“博爱、牺牲、服务”的校训，在自己的岗位上默默奉献，创造着人生的价值，他们的精神是一致的，因为同来源于协大的大家庭教育。

协大毕业生风采

王应睐：半导体物理学家，1940年毕业于福建协和大学物理系，1955年当选为中国科学院院士。

冯康：应用数学和计算数学家，1939年就读于福建协和大学数理系，1980年当选为中国科学院院士。

黄维垣：有机化学家，1943年毕业于福建协和大学，1980年当选为中国科学院院士。

黄祯祥：病毒学家，1926年就读于福建协和大学，1980年当选为中国科学院院士。

林兰英：半导体物理学家，1940年毕业于福建协和大学物理系，1980年当选为中国科学院院士。

唐仲璋：寄生虫学家，1931年毕业于福建协和大学生物系，1980年当选为中国科学院院士。

郑作新：鸟类学家，1926年毕业于福建协和大学生物系，1980年当选为中国科学院院士。

曾呈奎：海洋生物学家，1926年就读于福建协和大学生物系，1980年当选为中国科学院院士。

唐崇惕：寄生虫学家，1950年就读于福建协和大学生物系，1991年当选为中国科学院院士。

余松烈：小麦专家，1942年毕业于福建协和大学农艺系，1997年当选为中国工程院院士。

卓仁禧：高分子化学家，1950年就读于福建协和大学，1997年当选为中国科学院院士。

俞永新：病毒学家、生物制品学专家，1947就读于福建协和大学生物系，2001年当选为中国工程院院士。

邵循正：蒙古史、中国近代史学家，1926年就读于福建协和大学文史学系。

金云铭：图书馆学家、历史学家，1928年毕业于福建协和大学社会学系。

李来荣：园艺学家，1930年毕业于福建协和大学生物系。

戴文赛：天文学家，1933年毕业于福建协和大学数理系。

李铭新：肿瘤学家，1938年毕业于福建协和大学生物系。

叶明勋：台湾报人，1940年毕业于福建协和大学教育学系。

俞元桂：文史学家，1942年毕业于福建协和大学中文系。

江静波：寄生虫学家、无脊椎动物学家，1945年毕业于福建协和大学生物系。

■大家庭化的校园生活

协和大学以大家庭化教育著称，这种教育体现在学生在校学习生活的各个方面。每一位协大的新生跨入校园，绝不会感到寂寞和陌生。刚一下车就有学长照看着，给你本校的缩图，引导你知道哪里是邮局，哪里是澡堂，哪里是理发室，帮你料理好行李膳宿等种种事项，一下子让人消除了离家的孤独。

有一次在协大路上，一个女同学独自提着几大包的行李来校，一位长者上前帮忙，直到把行李送至宿舍楼后，这位同学一直坚持要付给长者劳务费，直到在开学典礼上看到他在台上致辞，方知原来前天的“脚夫”就是林景润校长。

在协大，有一种服务病人的团体总有许多人踊跃参加。如果一个人在异乡求学，生病了孤独地躺在病房，举目无亲，而另外的人在上课、在打球、在游戏，那种落寞是可以想象的。但是在协大却不一样，会有许多人轮流看护你，陪伴你，和你说笑。在这样的校园里求学，寂寞是很难遇到的。除了同学之间的友爱，师生之间的感情也是可圈可点的。特别是协大的导师制的实行，使得家庭化精神的光芒更加温暖而恒久。协大的师长不仅关心学生的学习，甚至连起居中的小事都关心着。你冷了还是太热了？有没有吃过早饭？如果没有，他们会请你到他们家去用餐。你病了，胃口不好，他们会送来牛奶和饼干。课堂内外，师生总是其乐融融。

徐克丽女士（右一）与学生

谈到协大的校园生活，有一个词是必须说起的。“炒面”是协大校园一个流行而通俗的名词，它足以表示协大的学生生活的大部分。据说在魁岐校内有间合作社，那里有一个奇妙的厨子，他经手所炒的面有特种美异的味道。起先炒面只是繁盛于赌东道或是作为报酬

吃着炒面的学生

之用。在院际或级际中的球类比赛中，很多学生们就以炒面为注，来猜博某一方面的胜负，或假日空间，学生们相聚于游艺厅玩纸牌。负者请胜者吃炒面。在协大同样的可以看到遗失和招领的启事，此种启事的报酬与索酬都以炒面为单位标明。

后来学生们觉得那种定期举行的球赛或假期举行的游戏、或遗失与招领的启事并非日日都有，就开始彼此互拉“请客”，使得“炒面”两字的含义又进一步升华了。“炒面”变成了同学见面时的招呼语，在散步时，彼此碰头，除开“吃了吗？”就是“去哪儿呢？”可是现在并不那样笨了，却巧妙地彼此点点头说声“炒面”。也许双方都不明了它真正的意义，但总有会心的微笑。细细分析，“炒面”两字其实含有祝贺的意思，祝贺对方，有一天会有“请客”吃“炒面”的资格。会“请客”自然是因着快乐或是喜事。“可以吃炒面了”，表示着某一种值得庆幸或正在焦急的事情成功了，值得吃炒面了。当然也不是说一定要去吃炒面，只是“炒面”两字已成为一般同学所喜欢的时髦口头语了。以后差不多在谈着任何方面的事，总有“炒面”这字眼嵌在语句中。

陈锡恩校长在校时，校长楼几乎成了男教授与女友约会的专用场所。那时候学生约会可以在女生宿舍会客厅，可以在闽江边散步，可以在校园树林里，而教师就没有那么方便了。陈校长关心年轻的教师，告诉他们若有了女友可以到家中交谈。因此有时校长楼的客厅、餐厅、书房同时提供给几对情侣约会。

教师家庭聚会

■中西英才的荟萃

观果知树，见弟知师。“满室芝兰香”的背后定有辛勤的培育者，协大校园可谓是中西英才的荟萃，其中外籍教职员都是道德高尚、极具服务精神之学者；华人教职员也多是留学海外，学有所成归来或是国内知名学者，叶圣陶、郭绍虞、董作宾、严叔夏等均在此任教过，他们为福建教育和中国社会进步做出了巨大贡献，同时他们将中外文化的交流糅合在协大这块园地里，将自己的信念、追求和理想赋予协大学生的学习生活里，与协大学生一起谱写了协大人奋进向上、协作牺牲的精神风采。

协大部分教职员合影

郭绍虞：中国语言学家、文学家、文学批评史家，1922–1924年任教于福建协和大学文史学系。

叶圣陶：作家、教育家，1923–1924年任教于福建协和大学文史学系。

董作宾：甲骨文字学家、古史学家，1925–1926年任福建协和大学文史学系教授。

王治心：文史学家，1928–1934年任教于福建协和大学文学院。

陈遵统：文史学家，
1932–1951年任教于福建协和大学文学院。

张天福：茶学家，
1932—1934年、
1942–1946年任教于福建协和大学农学院。

严叔夏：文史学家，
1937–1942、1946–1951任教于福建协和大学文学院。

傅衣凌：历史学家，
1940–1945年任教于福建协和大学历史学系。

丁汉波：脊椎动物学家、胚胎学家，
1940–1947年任教于福建协和大学生物系。

赵修复：昆虫学家，
1942–1948年任教于福建协和大学生物系。

汤文通：农学家，
1944–1946年任教于福建协和大学农艺系。

卢浩然：遗传学家，
1948–1949年任教于福建协和大学农学院。

叶圣陶在协大

“山高水长”是著名老一辈作家、教育家叶圣陶先生生前忆语协大时的一处表述。先生出任过共和国原中央教育部副部长，20年代曾一度执教协大国文系。50年代我在教育部高等师范司工作，有一次司领导有事同叶副部长商量，我偕另一位年轻同事陪同在座。当时，叶老照顾我们在座年轻人，亲切问及籍贯和就学过学校，我答以闽籍和福建协和大学，叶老一听欣慰，示意同协大有旧，略有沉思后说道：“福建协大，前有大江，后有高山，山高水长，很好，很好。”并问及外籍教师和院系调整情况，我就所知作答，告知协大已经迁址易名，叶老表示惜意。进入60年代，我调来宁夏大学任教，“文革”前一次赴京偶于人民大学出版社同叶老相逢，一见如故，长者多情问我：“你回福州看看母校吗？”显然不在意协大迁址易名，对校友来说，母校仍在。叶老记忆力好，此时距前次会晤已经相隔八、九年。

——汪朝元《协大，山高水长——叶圣陶先生谈协大追记》

高智校长：年过六旬，经常表情严肃，但又略微带着祥和。其他年轻的教授在他眼里大抵是My Boy。在美国史的课堂上，他总是如数家珍，一会儿架上眼镜读上一段，一会儿找下眼镜讲上一气。日期、条款、沿革都在他的脑子里。若课堂上有走神的同学，他会一眼瞧过去，然后就想封官加爵般叫上某某同学的大名，再补上一句“要注意啊”。

沙善德教授：他是教授英文学的，但是一上课讲的都是中国诗，还有中国诗人李白、杜甫、王维、孟浩然等，居然还能熟练地吟出《木兰辞》，一个外国人对中国文学如此熟悉令在座的学生目瞪口呆。沙善德教授每天总是带一块擦桌布，在开讲以前先将讲台擦得一尘不染，然后不慌不忙地介绍一大批文学书籍，就像在为书商作广告。他有收藏古董的嗜好，而每当学校开音乐会，大家又可以从他横吹的长笛中，听到悦耳的音符。

克立鹄教授

克立鹄教授：协大人给他的画像是，每天早上很早起床，先到兔子橱、鸡棚、牛房、狗屋去看看，似乎在那里能有什么新的发现。课堂上他一手拿着一只青蛙，另一手拥着一台显微镜，对全班同学说，生命是从进化来的，但他却是相信上帝的。

徐光荣教授

徐光荣教授：学生们通常是从礼堂的讲台上认识他的。高高的个子，穿着一件硕士服，胸前绣着一对白色的金钥匙，这是学位的荣誉。在英文论课上，大家可以见到他。他在每位同学的作业上，添画出许多龙飞凤舞的文字，这些字体当时成为许多学生临摹的字帖。每逢歌咏团有表演的时候，徐夫人在台上表演结束后，第一个高声喝彩的一定是他。他永远那么青春，岁月似乎伤害不了他。

祝寿康教授：他是被新生议论较多的一位先生。在心理学课堂上，他总是滔滔不绝地讲出许多心理学名家、心理学派别。他有时在黑板上写几个电学方程，令同学们不得不佩服他的博学。如果学生三次测验不理想的话，祝教授就会给他一个心理方程式：I.Q+effort=achievement（智商＋勤奋＝成就）。

萨惠隆教授：学生们称化学教授萨先生是魔术师，每次化学实验课，他总是手拿两支试管，倒来倒去，令学生眼花缭乱。然而停了一会儿开口问道，Ion（离子），Atom（原子），Molecules（分子）有没有差异？尽管大家知道有差异，但是没有一个人敢作答，因为没法指出它们之间的差异。

1916 年协大教职员合影

1927年协大教职员合影

1933年协大全体教职员合影

1935年协大全体教职员合影

1937年协大全体教职员合影

1947年协大教职员合影

1916年部分教职员及家属在协大初创之址合影

外籍教师在鼓岭避暑山庄

上大学期间的林兰英（右二）

卓仁禧（中）与协大足球队队友合影

1919年毕业生合影

1926 年第八届毕业典礼纪念

1927年春第九届颁授学位典礼纪念

1927年夏第十届毕业生合影

1928年春第十一届毕业生合影

1928年夏第十二届毕业生合影

1929年夏第十四届毕业生合影

1930春毕业生合影

1932年毕业生合影

1933年毕业生合影

1934年毕业生合影

1935年毕业生合影

1936年毕业生合影

1938年春季毕业生合影

1938年毕业生合影

1940年春毕业生合影

1940年夏毕业生合影

1940年毕业生合影

1944年春毕业生合影

1946年春毕业生合影

1947年协大生物学会全体欢送毕业同学留影

1949年协大闽南会欢送毕业同乡

1951年春第三十三届毕业同学合影

二、燕子归来恋旧巢

几度春华秋实的轮回，福建协和大学似乎已经沉沉地睡着了，不再梦见谁，也不再被人念起，校区被移用制药工厂，教室改成了生产车间，宿舍还是宿舍，只是学生换成了工人，更有甚者，铁路、公路横穿而过，平原地带修建了成片的厂房，破坏了原有格局，就这样，闽江之滨、鼓山之麓的协和美景再不能咏诗，再不能歌唱。

绿树修篁益森森，
黉楼已老待新颜。
协和人盼协和复，
归燕依依恋故情。

——童果夫《访魁岐母校旧址》

理学院旧址

光荣楼旧址

学府睽违五十年，悠悠往事渺云烟。
魁岐帆影情犹系，樵曲钟声梦亦牵。
铸错九州伤坠劫，撑危一柱庆回天。
辉煌校史传中外，教泽堪期后胜前。

——郭毓麟《怀母校》

协大人是富有创造性的，不顾年迈老病之躯，他们于1984年重新组建了校友会，总会设在福州，各地成立校友分会，发行校友刊物《协大校友》《协大人》《校友信息》，把散落各地的校友重新凝聚在一起，提供给大家一个可以诉说思念、可以欢笑相聚、可以热烈拥抱的地方，他们更是不遗余力，奔走于海内外，几经辗转，筹款复校。

光国楼旧址

我们诚恳希望广大校友关怀支持校友会工作，一起来发扬母校的光辉。“乐群众于一堂兮，作世界大同之先声。协和，协和，大德是钦。”母校校歌的庄严号召，萦迴在我们的耳边，让我们通过校友会的纽带，紧密团结，千方百计，为中华的腾飞，为全世界人民的和平幸福而一起努力。

——节选自《致福建协和大学全体校友的信》

光华楼旧址

高山苍苍，流水泱泱。闽江之东，鼓山之阳。有我协大，黉宫堂皇。博爱为训，勤业是尚。精英荟萃，来自四方。弦歌和鸣，师资优良。教我诲我，桃李芬芳。作育人才，为国栋梁。同窗敦睦，友谊馨香。怀我协和山高水长，念我协和永远不忘。

——丁祝三《协大校友会会歌》

女生宿舍楼旧址

“协和大学闽江东，世界思潮此汇通……”每当我们这些四五十年前在协大学习或工作过的老校友唱起这支优美雄壮的校歌时，心潮澎湃，思绪万千，对母校的怀念之情油然而生。当年在母校时，那种尊师爱生，师生亲密无间的情谊；对某些学术问题的争论，交流学习心得的情景；披着晚霞，漫步在宁静的校园谈心的乐趣，至今犹如一幅美丽的画卷呈现在我们的脑海里。虽然我们离别母校近半个世纪，有的更长一些，但我们仍时常眷恋着她——亲爱的母校：协和大学。

……

协和大学，海内外校友们在呼唤她，怀念她。我们企盼着这一天：校友们豪情满怀地在新的协大校园里引吭高唱：“协和大学闽江东……”的雄壮校歌，使母校的办学经验和优良学风能够传之久远。

校友们，万事起头难，千里之行始于足下，让我们积极行动起来，为我们的美好事业而共同努力！

——节选自《重新创办福建协和大学倡议书》（1994年2月）

虽然协大校歌没有重新在闽江之畔响起，但历史终是不负归燕之心。2003年，福建师范大学创办了协和学院，以协和之名郑重地纪念这所在上个世纪名满东南、享誉八闽的高等学府，协和学院寻根于协和大学，在校史整理、文化精神传承、校址文物保护等方面与协大校友会进行密切的合作，让这群痴恋旧巢的燕群看到了再续百年协和华章的希望。

归燕与旧巢

校友会2002年聚会

协和大学校友会常务理事会2012年度第一次会议在协和学院召开

下篇 学府宏开 蔚为青俊

大学

从协和开始

第四章　以“协和”之名

坐落于溪源江畔、旗山脚下的协和学院素来有“山水学村”之美誉，这里阳光明媚、花开四季，处处彰显着青春的斑斓和新生的喜悦。年轻的脉搏里缓缓流动着一股百年传承的精神。从福建协和大学到福建师范大学，再到如今的福建师范大学协和学院，协大精神和协大先贤精魂而今犹盛，协大的辉煌穿透历史尘烟散发着不灭的芬芳。福建师范大学协和学院，以“协和”之名，既是对福建协和大学辉煌办学成就和优良办学传统的赞叹与敬仰、纪念与传承，更是创办者对办好这所新型高等院校的执着与勇气、信心与决心的一种宣言。从学院创业者以“协和”之名的精神开始，便种下了一颗饱含力量的种子，并在一代代协和人的心里生根发芽。而渐渐被历史遗忘在旧时光里的“协和”，也因此被赋予了新的历史使命，奏响了一曲新的激情澎湃的历史长歌。

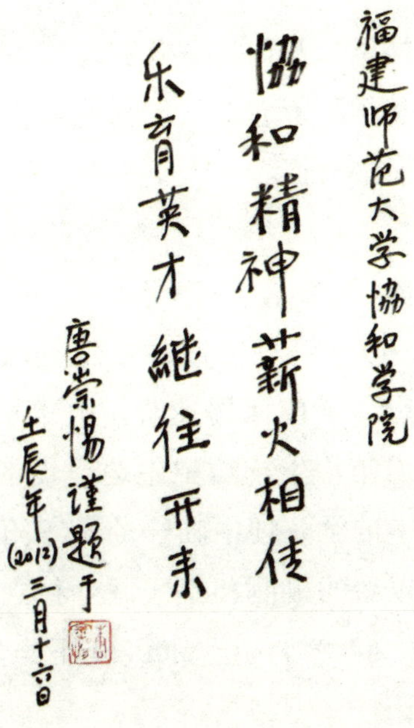

2012年3月16日，福建协和大学校友、中国科学院院士唐崇惕教授为我院题词“协和精神薪火相传，乐育英才继往开来”，正是对协和学院办学的最佳诠释。

一、“无日不在进化的路上向前跑”

任何一所大学的诞生与成长，都与所处的时代分不开。进入21世纪，伴随着中国高校适应市场需求的扩招，二级学院（独立学院前身）“忽如一夜春风来”，在中华大地上横空出世，筑起了中国高等教育的“新长城”。这股春风也给福建省高等教育吹来了一场及时雨。在很长一段时期里，作为基础教育强省的福建省高等学校数量少，规模小，高教资源紧缺，高等教育增长速度与人民群众接受教育的需求和经济社会发展需求不相适应，创办二级学院无疑是让福建高等教育这个“短板”变长的捷径。

1999年，党中央、国务院立足于我国现代化建设的全局，结合21世纪初期国家经济与社会发展的需要，为进一步拉动内需，缓解就业压力，并参照国际上的一些成功经验，作出了进一步扩大高等教育阶段招生规模的重大决策。为落实这一决策，浙江省于1999年年底率先依托普通高校，吸引社会力量，利用银行贷款组建了5所具有独立法人资格、经济独立核算的二级学院。在其后的一段时间里，全国各地相继建起了类似的二级学院。

2003年初，福州闽水之滨，仓山长安山麓，在百年老校福建师范大学仓山校区的一幢旧楼里，几位拓荒者在这里安营扎寨，辛勤播种，一所新的教育殿堂——福建师范大学协和学院带着新生的朝气和喜悦孕育而生了。许多令人振奋的故事，开始在这古墙旧瓦中潜滋暗长。

■“正名”之考

2003年4月12日，福建省政府批准成立福建师范大学协和学院。地方政府积极推动，母体学校保驾护航，政策决策相时而行，协和学院顺天时得地利，实现了当年筹建、当年招生、边招生边建设的超常规发展。谁料，刚刚仓促上马，百业待兴，还在襁褓中的学院便面临一场大考验。2003年4月24日，教育部发布《关于规范并加强普通高校以新的机制和模式试办独立学院管理的若干意见》（教发〔2003〕8号，简称“教发8号文”），并于2003年下半年开始对原有360多所二级学院进行清理整顿、重新审批确认。

“教发8号文”将“由普通高校按照新的机制、新模式举办的本科层次的二级学院”简称为独立学院，明确提出试办独立学院一律采用民办机制，独立学院应具有“七独立”，即独立的校园和基本办学设施，实行相对独立的教学组织和管理，独立进行招生，独立颁发学历证书，独立进行财务核算，应具有独立法人资格，能独立承担民事责任。

协和学院创办时期办公楼

作为一种新生事物，独立学院之路怎么走，前无古人之鉴，又恰逢草创初期，人员不足，办学基本条件不足，甚至没有自己的办学场所，加上重新报批时间紧迫，其艰难程度可想而知。怎么办独立学院，办怎么样的独立学院，这是摆在创办者面前的首要问题。母体学校福建师范大学与协和学院领导班子全面深入解读“教发8号文”，深刻领会独立学院“民”、“优”、“独”的特点与优势，很快形成了共识，提出了“新、特、活”三字办学方针，进一步明确了将学院办学作为高等院校改革的“试验田”和“孵化器”的办学指导思想。协和学院依托福建师范大学借力发展，但不照搬福建师范大学的人才培养模式，而是根据自身特点，积极探索创新应用型人才培养模式，与福建师范大学“错位发展”，走“特色发展”的新路子。有了方向，还需要披荆斩棘，迎难而上。全院上下，日夜兼程，积极寻求各方支持，克服办学条件不足等重重困难，努力按照“七独立”的要求重新向教育部申报登记。经过逐个审查，教育部取消了全国100多所二级学院的办学资格，并对剩余的249所进行了重新登记，并予以官方正名——独立学院。2003年12月，刚刚开办的协和学院一举成为获得教育部首批确认的独立学院，开始走上了快速发展的正轨。

2004年12月至2005年2月，教育部分期分批对全国已经确认的独立学院的办学条件和教学工作进行了专项检查。在这次专项检查中，协和学院以优异成绩通过检查并名列全国百所较好独立学院。

■自上而下的“独立革命”

2008年2月，教育部颁布26号令《独立学院设置与管理办法》，明确了独立学院的法律属性、管理体制、设置标准以及教育教学、资产管理等法律制度，规定了全国独立学院建设五年过渡期。过渡期间，根据独立学院的办学实际情况，或者以独立学院的形式继续办学，或者“回归”申办普通高校，或者转设为民办普通高校，或者并入其他民办院校，或者被终止办学资格，这意味着全国独立学院将重新再进行一次大洗牌，“26号令”因此被看成独立学院非自发性的独立宣言，独立学院的规范发展也由此开始。“26号令”一颁布，反响强烈，最直接的冲击便是要求独立学院脱掉母体光环，独立颁发学位证书。对一些还没有形成自己品牌的独立学院而言，这种冲击甚至直接影响到生源与学生就业。“独立”之路何去何从，独立学院几家欢喜几家愁。

在协和学院的决策层看来，独立学院真正意义上的独立，不仅是法律上的独立，更应该是内在的、本质的独立，按照高等教育规律，“依托”但不“依赖”母体学校，走自己特色发展的路子，提高自身内在的办学水平和教育质量。从这个意义上，协和学院的“独立”之路，一刻也没有停歇过。

从初创几万元的筹建资金到如今固定资产几亿元，从草创时期零散几栋校舍到如今占地几百亩的独立山水学村，专业从十几个到几十个，专职教师从几名到几百名，在校生从一千余名到一万余名……十年之间，这些数量上的累积巨变，真实地体现出了学院办学规模的快速扩张以及办学条件的大幅改善；教学质量工程建设，科学研究工作取得突破；学生创新能力和实践能力凸显，参加国内外各种技能、文化、体育、艺术竞赛屡获佳绩，均走在省内独立学院前列；学院形成了自己的办学定位，确定了教学型本科的办学层次定位、服务于海西建设的功能定位、培养“实基础、高素质、强技能”的具有创新精神和社会责任感的应用型复合型人才的人才培养定位和谋求特色发展的办学理念定位；实行“三重”“六突出”的培养理念，形成办学四大体系，并在提高实践教学水平、培育特色校本文化、发展多元化办学等方面采取了积极措施，为学生提供优质教育服务。协和学院办学水平不断提高，办学实力不断增强，办学特色不断彰显，社会声誉不断提升。在全国独立学院表彰大会暨中国独立学院协作会2010年峰会上，协和学院获评“全国先进独立学院”；在 “回响中国”腾讯网教育盛典上，协和学院荣膺“2011年中国最具品牌价值独立学院”称号。

福建师范大学协和学院校园风光

“三重”，即重创新（创新独立学院人才培养模式、运行机制和管理体制）、重质量（大力提高教育质量、师资质量、管理与服务质量）、重实力（提高综合办学实力，努力形成学院的特色和优势）；“六突出”，即专业设置突出时代特色，学科建设突出区域特色，人才培养突出实践特色，空间拓展突出开放特色，就业指导突出应用特色，

内部管理突出创新特色；办学四大体系，即特色鲜明的学科发展体系、科学优化的人才培养体系、结构合理的人才支撑体系和立体交叉的质量保障体系。

2012年，协和学院以优异成绩通过学士学位授予权评估，从2012届毕业生开始自授学位。实践证明，学院自身品牌已经得到社会的认可，自授学位并没有影响到学院的生源。学院招生生源稳中有升，新生报到率再创新高。

作为一种体制和机制的创新之举，协和学院在成长过程中注定会遇到许多问题和矛盾。在浩瀚如烟的历史长河中，十年只是短暂的一瞬间，然而正是在这不长的时日里，纵观协和学院的发展，从仓促上马、重新报批，接受教育部专项检查和学士学位授予权评估，协和学院始终在探索、创新之路上摸索前进。虽然在成长的过程中，有痛也有乐，但更多的是思考与反思；虽然有过许多反复与挫折，但一次次的探索与改革，一次次的实践与完善，一次次的成功与跨越，协和学院以求变创新的姿态抒写了簇新的誓言，在办学实践中逐步形成了“开放、创新”的办学理念。办学之路，路漫漫其修远兮，今后几年，协和学院还将面临教育部办学条件验收、独立学院教育工作合格评估等一次次考验，借协大第三任校长林景润之言“本校是无日不在进化的路上向前跑的”，可以说是对协和学院办学历程的生动概括。

二、“厚德励进，博学自强”

“厚德励进、博学自强”既是对协大精神的传承，也是对协和学院院训精神的凝炼。

“厚德”一词出自《周易》中的卦辞：“天行健，君子以自强不息；地势坤，君子以厚德载物。”“厚德”的词义也同于“大德”，“大德”一词出自于福建协和大学的校歌“协和，协和，大德是钦”。协大创校之初，就以“博爱、牺牲、服务精神，研究高深学问，养成高尚健全人格，以应社会需求”为宗旨，这个宗旨贯穿协大办学的始终。在协大办学历史中，十分注重人格教育，德育思想无处不在，协大学生勤于服务，勇于牺牲，力行博爱，把大德发挥得淋漓尽致。育人为本，德育为先。厚德对于学子来说，是一种人生观、世界观、价值观的养成，器识的冶炼。对教育者来说，是以深厚的德泽育人利物的德育。无论是“厚德”还是“大德”，都是中国传统和现代教育的核心价值所在。

“我们教育的对象也就是在培养高尚的人格，协大教育的精神是不敢与世苟同，为的我们有深刻的认识，知道在教育的效用上除了提高人类的德性，培养高尚的人格外，别的没有其他更切实的责任。”

——林景润

“励进”二字，意为“劝勉进步”，战国末期思想家荀子在《劝学》一文开篇有言，“君子曰：学不可以已”，意思是，学习不可以停止，表达的也是同样的理念。励进是学院学风教风校风的重要体现，鼓励教学双方，都要勇于精进，志存高远。

“博学”二字，是古今学者的不懈追求，也是大学教育愿景。《礼记·中庸》有言，“博学之，审问之，慎思之，明辨之，笃行之”；《劝学》中也有提到“君子博学而日参省乎己，则知明而行无过矣”。“通古今，知中外，文理兼备”就是协大突出的教育理念。协大以兼容并包的情怀容纳了中西之学，在引进西方哲学、自然科学的同时，同样注重中国国学的研究和发展，并融合二者，在研究方法上取长补短，比如研究音韵学可以从物理上推究，研究史学可以从采据学上致力等。大学教育，不仅是培养“术业有专攻”的技术人员，同时也要培养拥有渊博知识、完整人格的知识分子。学院鼓励师生专中当博，拓展知识视野，提升综合素质。

“自强”二字，亦出自《周易》的卦辞。“自强”的提出，既感悟自协大自强不息的奋斗史，也源自师生成长成才的内在需要。协大在短短的办学35年间，经历了第一次世界大战、北洋军阀混战、国民革命、国民党新军阀混战；刚稳定下来之后又爆发了第二次世界大战，被迫迁校邵武，逃难深山八年，抗战胜利了，又开始了解放战争，协大可以说是在艰苦的环境下艰难地成长起来的。学院将“自强”主题融入整个教育教学过程中，倡导师生要有坚韧的意志、超强的心理承受力和战胜困难的勇气，以积极乐观向上的态度面对人生，自强不息。同时，学院倡导学生是学校的主体，将自主权、知情权、选择权交给学生，强调学生自主学习，自我发展、自强不息、自觉成才。

一所优秀的大学，当以培养青年人高尚之人格与自由之思想为矢的。从治学到为人，点滴磨砺。不随波逐流，不让求知与求真的心被喧嚣的浮华掩盖，亦不让象牙塔成为庇护娇花的温室，而让这一方土地走出创造明天的主人。当清晨的阳光穿射旗山的雾霭，溪源江的碧水蜿蜒流淌，协和学院的蓝天将见证着协和学子每一步成长的足迹。

三、“学有所得、学有所用、学有所值”

■“三有”育人愿景

“社会与教育是相依为命的。社会赖学校提倡学术，培养人材，以图改进；学校靠社会的爱护和督促，而谋革新发展。”这是协大林景润校长谈到协大以社会利益为首要考虑对象来培养学生，协大把这种理念贯彻到校园生活的方方面面。正是这种教育理念，使得协大的毕业生都能够自觉地洞察社会需求，自觉地服务社会，因而当时协大的毕业生深受社会各行各业的欢迎，林校长曾在一份推荐函上写到：“敝校成立以来所培植毕业人员，服务教育界或社会事业，颇蒙各界称许，时有来函托代介绍事历。”这种社会的认可就是协大教育成功的体现。特别是从协大走出来的十二位院士的生平事迹及他们对社会的贡献，无一不体现着协大此种办学理念的硕果。

今天，再回首协大35年的教育，再看看她的毕业生对国家社会所作出的贡献，我们不得不深情地赞叹，同时，更应该向其学习，努力继承这笔宝贵的遗产。从最实际的问题出发，组织学生研究时事，让学生深入基层，深入社会实践，让学生探讨社会现象，发现问题，自觉地去探索、去追求、去实现自己的人生价值。这种教育与社会的关系于今日的高等教育而言仍然是适用的，更是伴随着中国高等教育大众化进程发展潮流应运而生的独立学院所应学习的。2003年9月8日，在首届新生开学典礼上，协和学院做出让每位学子“学有所得、学有所用、学有所值”的郑重承诺。

尊重和理解每位协和学子的差异性、多样性，致力于让每位学子找到自己的位置，成长成才，让协和学院星空上每一颗星星都亮起来，此谓“学有所得”；让学生更好地走向社会，更好地服务于社会发展，此谓“学有所用”；让四年的大学时光成为每位协和学子最有价值的人生积淀，此谓“学有所值”。“三有”理念，成为协和学院人才培养的出发点和落脚点。

■三易人才培养方案

为了将“三有”育人愿景具体化为可执行的培养方案和教学计划，创办之初，协和学院集中大量的精力为协和学子量身定做培养方案和教学计划。无数次组织有关专家对国内外不同层次院校相同专业的教学计划进行充分的研究、比照，探索适合协和学子的全新的人才培养计划。在执行过程中，重视学生作为教育本体的感同身受及社会对人才知识和能力结构的需求，坚持每年对毕业生进行问卷调查和对用人单位进行跟踪反馈，把它当作实际的办学指标来看待。根据调查反馈意见，不惜“伤筋动骨”，先后三次对培养方案进行大刀阔斧的优化，力求构建符合社会需求、有利学生成才的培养模式，既要让学生有就业上岗、挣钱吃饭的本领，又要有可持续发展的内在潜质。经前期广泛的调研论证，2009年协和学院组织开展了新一轮的人才培养方案修订工作，此次修订工作重新审视并克服了以往人才培养方案重规范轻灵活、重整体轻个性；专业选择性、应用性、方向性课程偏少；实践技能课程偏少，实践环节薄弱，理论与实践脱节等问题，要求各专业遵循高等教育和人才成长基本规律，坚持“学生发展为本”的教育理念和“传授知识、培养能力、提高素质、协调发展”的教育追求，以社会需求为导向，以素质教育为主体，以创新实践教育为主线，按照“实基础、高素质、强技能”的人才培养思路，构建具有鲜明特色、创新特点的应用型人才培养体系，满足学生多元化发展需要。

协和学院人才培养方案2004年版、2006年版、2009年版

■“三·三”立体化育人体系

一所学校的育人体系是学校办学的钢筋铁骨。协和学院基于“开放、创新”的办学理念，走出了一条以素质教育为突破口，实践教学为着力点，夯实基础，增强素质，突出能力的具有鲜明特色、创新特点的应用型人才培养体系——“三·三”立体化的育人体系。即以教室教学、校园文化和社会实践为主的“三个课堂”联动，激励与引导

学生自主学习、自我发展和自觉成才；以学校、校企合作、校际交流与合作为主体的“三种培养途径”并举，着眼于适应经济社会发展和人才成长不同需求，培养个性化、多元化人才。

“三·三”立体化育人模式，是学院应用型本科教学改革经验的总结与集成。为学生成长成才开辟了更广阔的空间，让学院成为阳光的育人家园、博雅的文化高地、高效的竞合平台和快乐的成长通衢。

办学十年，协和学院已向社会输送各类专业人才一万多人，历届毕业生平均一次性就业率均达93%以上，2010年5月荣获“2007-2009年度福建省大中专毕业生就业工作先进集体”称号，是全省获此殊荣的唯一一所独立学院。学生就业率、升学率及薪酬水平位居全省独立学院前列。协和学子还在各项赛事上大放异彩，历届学生在科技竞赛、文化活动、社会实践、创新创业以及学术研究方面取得了一系列骄人的成绩。2013年10月，教育部全国高校学生信息咨询与就业指导中心发布信息，在全国独立学院本科生满意度调查中，协和学院位列全国第九。

“求木之长者，必固其根本；欲流之远者，必浚其泉源”。办学需要一种精神，一所誉满社会的高校更是靠精神站立的。靠精神站立起来的教育充满力量，无论是教师还是学生，每个人都倾其所能，倾其所力。今天的协和学院正是根植于福建协和大学、福建师范大学百年文化积淀和深厚文化底蕴的土壤而生机勃勃，枝繁叶茂。“开放、创新”的办学理念、“厚德励进、博学自强”的院训精神、“学有所得、学有所用、学有所值”的育人愿景，共同构建起新“协和精神”这种永不止步的教育追求，在每一个协和人心中细细浸润，必将指引全体协和人在今后的发展道路上战胜一切困难，走向更大的成功，创造更大的辉煌。

协和学院荣获“福建省大中专毕业生就业工作先进集体”称号

第五章　创新，让教学如此美丽

“知之者莫如好之者，好之者莫如乐之者”，让教师“乐教、会教、享受课堂”，让学生“乐学、会学、享受学习”始终是学院为每位协和学子量身定做培养方案的初衷。学院正是在倾听学生心声、创新教学上孜孜不倦地探索，拨动了师生乐教乐学的心弦，让教学变得更加美好，育人成效凸显。

一、兴趣变学分——第二课堂反哺第一课堂教学模式

■ 从艺术团说起

大学生活之所以动人，在于学生群体源源不断的创造热情，由这种热情进而演绎出学习生活的精彩是每个人成长历程中最绚丽灿烂的一笔。当这种精彩被有意地创造并加以升华的时候，就成了艺术。艺术是人类的天性，艺术的表达和创造是青春时代最好的张扬。2010年3月，协和学院成立了大学生艺术团，很好地凝聚了这些年轻躁动却充满创作热情、渴望个性和舞台的心。创立之初，通过学生自主报名，专业老师精心筛选的方式，一批具有文艺特长且热爱艺术的学生加入了这个团体。目前艺术团已经发展成为拥有“舞蹈班”、“话剧表演班”、“民乐合奏班”、“声乐与合唱班”、“电声乐队演奏班”、“礼仪训练班”、“播音与主持班”7个艺术小组，拥有数百名团员的专业性学生艺术社团。协和学院针对不同小组授课需要，在全省范围内聘请艺术团专业导

师，以保证高质量、专业化的教学。导师们采用艺术课程教学管理模式对艺术团成员进行授课，理论与实践并行，不仅在日常教学中给同学授课，在课余的节目编排和演出中，导师们仍参与其中，指导同学艺术实践，甚至亲身参与节目排练演出。艺术团每个学年都会举办汇报演出、新春音乐会、院十佳歌手赛、“一鸣惊人”主持人大赛及毕业生晚会等丰富的校园文化活动。经过不懈努力，这些活动已经形成一系列高水平校园文化活动品牌。

协和学院鼓励学生全面发展，把艺术团课程纳入全院日常教学体系，实行学分制。参考艺术团团员每学期在团内的综合表现，每学期考核合格的成员将获得2个公共选修课学分。这种兴趣变学分的模式很好地激发了学生的创造力，给学生一个更广阔的空间去发挥自己的兴趣和所长，寓学于乐在这里得到了最好的诠释。

民乐团参演的器乐演奏《海峡同乐》，获全国第三届大学生艺术展演乙组（专业组）表演一等奖和优秀创作奖（2012年）

艺术团在泉州市泉港区2012年“迎新春”北管音乐会上，与北管民乐团、泉港北管艺人同台献艺

著名二胡表演艺术家、民族管弦乐队指挥家、福建师范大学音乐学院黄忠钊教授担任艺术团演出指挥

艺术团礼仪模特队表演时装秀

艺术团舞蹈组学生在苦练基本功

艺术团电声乐队摇滚专场表演

在泉州锦塔村老年活动中心与北管老艺人共奏新春佳音（刊于《福建日报》2011年1月27日）

■ 公选课变形记

2011年，一支名为"吃耳朵"的12人合唱团凭借一曲《乡间小路》在东南卫视《欢乐合唱团》的比赛中崭露头角，荣膺全国12强。他们以清新脱俗的曲风，个性张扬的表现，受到了网友的追捧。这12名合唱团成员来自协和学院不同专业，他们有一个共同的班级——流行唱法实践班。就是这样一门看似"闹着玩儿"感觉的课程，却邀请了海峡之声广播电台著名音乐人蒋舟、福州市文联主席徐杰、音乐人肖山、省歌舞剧院著名歌手布尔固德和996电台才艺主持人浩子、叶子、阳阳、金铎等十多位嘉宾为同学们授课指导。因为课堂上得到充分锻炼，这些90后的孩子们在《欢乐合唱团》的舞台上毫不怯场、精彩发挥。

像流行唱法实践班这样的公选课成为学生第一课堂专业知识外的丰盛的“营养大餐”。协和学院公选课共有文化传承与创意、伦理道德与思辨、国际视野与经济、生命科学与环境、现代技术与社会五个模块，共有“播音主持”、“武夷岩茶与福建茶文化”、“旅游服务礼仪”等近百门课程。学院将学生第二课堂文化、科技、艺术实践和社团活动纳入第一课堂教学管理，将学生的课外文化活动与课程学习有机结合起来，设定课程学分，通过课程教学形式，聘请相关领域专家“手把手”传授技能和才艺，给予学生理论和实践指导。学生自主自愿参加教学活动，把特长内化为素质，将兴趣转化为才能。

新华社、《中国教育报》、《福建日报》等媒体均对协和学院创新教学理念，充分发挥独立学院办学灵活的优势，通过创办大学生艺术团、丰富公共选修课、扶持团学精品活动等，大力开展第二课堂活动，让第二课堂成为第一课堂延伸的同时反哺第一课堂的教学成效进行了深度报道。

“吃耳朵”合唱团荣膺东南卫视《欢乐合唱团》全国12强（2011年）

二、梦想照进现实——大学生创新创业实践

创业学子留影协和学院创业园前

创业，一直是协和学院教育的一道明媚的风景线。协和学院的创业学子从开始起步就创造着自己的神话。

■ 未来从现在开始

未来从现在开始，让学生从大一开始便与创业亲密接触。这是协和学院积极响应国家“以创业带动就业”号召的有效措施，也是协和学子提高自主创业能力的内在诉求。在协和学院，“创业”对学生来说不仅不陌生，还是热门词儿。学生在校期间都能接受到全程化的创业教育，并予以认定学分。协和学院创业教育课程注重针对性和实用性，一年级开设《创业学概论》等课程，培养创业意识；二年级开设《KAB创业基础》、《创业大讲坛》、《创业风险》以及《企业法》、《基础会计学》等与企业发展相匹配的系列课程，培养创业素质；三年级在创业导师指导下在创业园进行企业运营模拟实

训，开设ERP实验课程、沙盘实验课程，开展创业实验；四年级开展创业实践。协和学院还将创新创业教育推广到全省，获批成为“福建省第二批大学生创业培训基地”。2010年4月，开办了首期大学生创新创业孵化实验班，2011年与福州市社会与人力资源保障局共同举办了大学生创新创业孵化实验班，2012年4月与省妇联、省公务员局共同创办福建省首个女大学生创业培训班，至今培训了几千名学员。

我院编写的教材入选全国普通高等院校公共课“十二五”规划系列教材

从大一开始，经过四年历练，我们相信，每一位怀揣创业之梦的学子一定能在未来走出属于自己的创业道路。

■ 梦想从这里起飞

当步入协和学院大学生创新创业园，“我从这里起飞”的标语随即映入眼帘。园区门口的办公楼上“I CAN office联盟”、尚忆文化传播有限公司、立众传媒有限公司、桀骜大学生创业实践工作室、大学城玖零企划中心等十来家公司，涵盖了文化传播、传媒企划、国际贸易、旅游等多个门类。这些公司的“老板”正是协和学院的在校学子。

2009年协和学院开办创业园，将学院实训楼的A、C两栋近1800平方米的场地用于学生创业项目孵化、创业辅导、就业实践等，为学生搭建起创新成果和创业设想的实践平台。目前，在校生申请创业团队已有数十个，园内有10多家学生创办的公司正在运行。学院有专门的创业项目支持政策，对创业班学员中符合条件的创业项目提供创业团队启动资金，对学生创业项目进行信息提供、咨询、技术等服务。学院还聘请创业指导老师对创业进行全过程、全方位的跟踪指导，实现培训和创业的无缝对接。这些怀着创

业之梦并实现梦想的学生无疑是幸运的，在求学之时，梦想就悄悄地照进了现实，他们已经赢在了起跑线上。近年来，学院创新创业教育取得了良好成效。不少学生在学院的支持下成功创业，被《中国教育报》、《中国青年报》等媒体树立为典型榜样；多个创业项目在历届海峡两岸大学生（青年）创业项目对接洽谈会暨特许经营连锁加盟项目推介会上成功签约。

如今，不少创业学子已经毕业走上社会，继续开创他们更加宽广的创业之路。他们的身后，还有更多的协和学子继续开启他们的创业之梦。

2012年6月17日，全国妇联书记处书记崔郁、全国妇联妇女发展部副部长崔卫燕等一行，在福建省妇联巡视员陈允萍、福建省妇联副主席陆菁陪同下，到协和学院视察女大学生创业就业工作（上图）。崔郁书记认为，协和学院女大学生创业就业工作措施到

位，工作扎实，既有理论指导与实践指导相辅相成，又有组织创业项目比赛、扶持大学生创业项目等，形式多样，富有成效。

学子发明防盗神器亮相第十五届海交会

学子荣获第三届全国大学生创业大赛福建赛区二等奖

创业女大学生正在商议经营策略

■ 学子创业故事

创业故事汇1

林良水：创业，不去做永远不可能！

大二时，凭借一张名为“大学生活一张卡”的商家打折卡，林良水三个月内创收15万元营业额，净赚8万元；随后，他成立了荣域营销策划公司，在福建师范大学宿舍区有了一间40平方米的办公室，招募了七八个员工，做创业、搞公益，样样风生水起；毕业后，他依然以精明的商业头脑、严谨的工作态度，逐渐开辟出一片属于他的天空……

起早摸黑配送早餐

“大学生创业并不是等毕业后才着手，否则会因毫无经验而被市场弄得措手不及。”林良水说，生活中到处充满商机，就看你是否想到了、是否动手把想法变成现实。

刚进入大学的林良水，就仔细留意身边的商机。林良水有贪睡很少吃早餐的毛病，且发现很多同学都是如此。经了解，大家不是不想吃早餐，而是懒得下楼去买。既然有市场需求，为什么不做配送早餐的生意呢？

于是，林良水决定先做一个类似麦当劳餐牌的详细的点餐单，然后再与福州永辉超市洽谈早餐配送事宜。随后，他一边跟永辉超市联系合作事宜，一边跟其他同学逐间地走访宿舍，把学生周一到周五需要的餐点勾画在点餐单上。

正式“开张”的第一天，林良水不到五点便起床了，摸黑接收永辉超市送来的配餐，然后逐一再分发顾客手中。100多单的业绩，让疲惫的林良水尝到了很满足的成就感。由于经验不足，再加上纯粹是体力活，两个多月后，林良水的早餐计划以失败画上了句号。

制作卡片获得盈利

早餐计划的失败，并未让林良水气馁，反而让他悟出创业要与专业相结合的道理。

大一下学期，林良水又从商家开业发传单中找到了商机。他找到校园周边商家，告诉他们“传单没人看且随手被扔掉”的现象，建议商家把所有优惠信息汇集在一张A4纸上。紧接着，林良水动手设计了三期这种集中商家信息的“校园通集令”，每期净赚了2000元。没过多久，林良水发现纸质的“校园通集令”不够用了，而且不利于保存。林良水心中萌发了一个念头：福州的“通吃卡”（一种可用于数百家商店的打折卡）十分流行，那么大学生消费群体中能不能也做一张这种卡呢？

一次偶然的机会，林良水得知了广州大学附近也有类似的大学生打折卡，在征得家长和学院同意后，他和另一个朋友当即买了次日到广州的机票，开始了前期考察。这次的广州之行让他们获益良多，不仅了解到打折卡的构建模式，而且了解了打折卡复制性强的弊端。

“去做了才有可能，不去做永远不可能。”经过暑期两个月的努力，他们与数十家商家建立了长期合作的关系。2009年9月，“大学生活一张卡”制作成功，并面向福州30多所高校推广发售，持卡人可以在两百余家签约商家门店享受一定折扣。不久，厦门、泉州等地的大学生也和他们签订了代售的协议。三个月里，“大学生活一张卡”在全省共售出11000多张，营业额达15万元。

成立公司专攻创业

在骄人的业绩面前，林良水并没有冲昏头脑，反而感觉“守业难”。如何给商家提供更多、更好的服务，让商家得到更多的实惠呢？一番思索后，林良水从“短信骚扰”中找到了点子。

原来，一些商家通过短信平台发布打折信息，每条5分钱。林良水便到商家店面游说：商业短信不文明，发送的对象五花八门，效果不好；“大学生活一张卡”有翔实的QQ数据库，不如由他把商业信息通过QQ群发给“大学生活一张卡”持卡人，可以指定发某一个高校，每条只收3分钱。

一些商家动心了，但他们有疑问：怎么知道是否发送了？对此，林良水早有对策：由商家随机安排10个QQ信箱放在数据库里，若有信箱没有收到则扣佣金或赔钱给商家。这样一来，林良水的生意做得更火了。

随着业务的拓展，林良水明显感觉到人手不够，而且没有固定办公场所不利于创业。于是，林良水抱着试试看的心态向学校提出了申请，很快，学校批准了一间40平方米的办公室。同时，福建师大协和学院支持林良水和颜灏炀成立“荣域营销策划公司”，专门拨款作为启动资金，安排了专门的创业指导老师，并将其作为专业实训中心。

创业路上的公益心

林良水受邀在协和道德讲堂分享创业故事和公益举动

就算生意做得红火，可是林良水精明的生意头脑下却藏着一颗公益心。他自己曾豪气万丈地表示“不管今后取得多大成绩，我一定把公益事业永远做下去”。

2010年5月，由文化产业系2009级学生党支部组织“大手拉小手”活动深入到福安市范坑乡省级扶贫开发重点村上坪村，一直关注学院公益事业的林良水了解到该项活动后，第一时间提出自己可以进行捐助，他主动和系志愿者协会举办了“立众人人卡”义卖活动，整个活动共募得资金2万多元，他将全部所得悉数捐赠给上坪村。

同年，文化产业系2007级学生黄启鹏深入战火重燃的缅甸果敢地区，在那里他亲眼目睹缅甸果敢地区人民生活艰辛，回国后便发起了倡议，号召榕城大学生积极向果敢人民捐款捐物。当时已经创业有成的林良水获悉消息后，找了黄启鹏同学，向他了解更为详细的信息之后，当即从营业所得中拿出3万元捐献出来购买物资，向果敢地区人民献上了自己的一份爱心。

到2011年，林良水的爱心事业更进一步，他带头发起并建立起“立众基金”，通过自身的项目运作所得盈利，资助高校贫困生，基金成立之后，他积极和学校各方面协商沟通，渴望有机会帮助需要帮助的人。在得知在其公司兼职的一名学生，因为家中经济困难，在校生活和学习受到了影响后，林良水马上从年度盈利中拿出了一万元资助该同学，解决了该同学燃眉之急，不仅帮她渡过了难关，更是向她传递了一份信心和勇气，事后，林良水更为主动关怀在公司兼职的大学生，抽出时间了解他们的生活情况，不时帮助需要帮助的同学。

走在公益路上的林良水荣获了福建省“学雷锋 我们身边的好榜样”荣誉称号。

毕业当上“包子弟”，半年胖20斤

为了了解最好的营销模式，林良水早早起床参与配送包子

作为艺术设计专业的毕业生，毕业时，曾有几份设计师的工作摆在林良水面前，但他却选择了留在福州卖包子。

林良水卖包子却不开店。他把冰柜改造成“热柜”，摆进社区门口的小超市或便利店，同时负责包子的进货。“我为店家提供热柜，相应的，店家在热柜里摆上我进的包子。卖包子的收入我和店家分成。”林良水说，自己其实就是中间供应商。

为了改装冰柜，林良水找厂家把制冷改成供暖，还仔细研究了电路。“这样包子随时都热腾腾的。”

都说创业艰辛，胖子都累成了瘦子。可林良水卖了半年包子却胖了20斤，他说这全是试吃包子吃出来的。

“要卖包子，首先要找到好吃的包子。”林良水为了找到“好吃的包子”进货，前后一共试吃了30多家店的上千个包子。直到现在，为了保证包子质量，每天早上良水都要跑到15家进驻的门店，每家试吃一个包子。

“我的目标就是，居民一出门，在小区门口就能吃上热腾腾的早餐。”林良水说，许多白领上班族没时间吃早餐，只好买些包子应付。但是现在很多卖早点的餐车都在公交车站附近，来往车辆粉尘很多，也不方便买早餐的人停车。

（根据《中国教育报》、《福建日报》等相关报道整理）

创业故事汇2

陈锦江：游走于商人和文青之间

陈锦江，福建师范大学协和学院法学专业2011届毕业生，泉州市作家协会会员。他是个文艺青年，2008年，陈锦江被接纳为中国散文学会会员，成为福建省最年轻的中国散文学会会员。他也是个商人，在读大学期间，就通过自主创业挣了个盆满钵满：营销图书挣不少；营销手绘地图、校园明信片不少赚。 2012年5月，毕业没多久的他辞职走上了自主创业之路，把目光对准微电影营销。他自信地说：“一年后我们再见，你会发现微电影大不相同！”

微电影从网络“搬进”了影院

2012年初，榕城高校3D电影巡回公映将3D电影从电影院“搬”到露天广场，放的都是好莱坞热门大片，到场看电影是免费的，3D眼镜也可以免费领取。这个活动的策划人

是陈锦江，通过这个活动，他赚了一把。

“我们找商家赞助活动，因为他们可以推品牌，我就推荐了这个活动。”陈锦江说，如今他在推动微电影进影院，整合了电影院、媒体、商家和微电影四方资源。“影院在观众不多的时段提供场地，虽然放微电影没有电影票收入，但是提高影院人气，商家赞助微电影，推广品牌，各方都高兴。”

“要有好创意，要敢为人先。”陈锦江说，大学生刚毕业时，在资金等各方面都比较缺乏，所以要想办法发挥年轻人的优势。

陈锦江表示，成立“福州微电影院线联盟”，就是希望能够为优秀的微电影创作人搭建平台，寻求资金支持，以期实现微电影的市场化。他认为，市场化的前提是专业化，微电影创作团队首先要做的就是把技术做上去。

“社会上的商业微电影培养的是金字塔中最底部、最基础的观影人群。这些人看得多了，自然会往更高的艺术性观影方面去追求。所以，大学生的作品如果想要走出校园，得先考虑培养一定规模的受众。”福建师范大学传播学院教师彭艳戎说，此前微电影主要依靠网络传播，现在院线公映是一个进步。“微电影市场商业化是难免的，希望年轻人拍电影的时候不要随心所欲，应当采取多种方式让其完美，不断地出些好作品。”

陈锦江计划每隔一个月举办一次微电影院线公映，以提高社会对微电影的接受程度。

他相信，“总有一天，大学生也可以用专业的作品吸引票房，来证明自己的成功”。

创业“零成本” 照样赚满盆

2012年9月开学不久，一组描绘福州7所大学校园风光的手绘明信片在网上及福州一带的报刊亭发行，受到大学新生的追捧。他们把这种颇具校园特色的明信片寄回家，作为给家人的首个礼物。校园手绘明信片的创意出品人就是陈锦江。

陈锦江策划的高校手绘地图及明信片

陈锦江策划的旅游景点邮政护照等文化产品

“当你足够热爱一个地方的时候，就会想为它创造点东西作为纪念。”2012年5月，陈锦江在微博上看到福建师范大学美术学院丁思美同学手绘师大的作品后，就主动与丁思美联系，联手打造“首次榕城高校旅游”。8月初，他陆续在微博上发布福州大学、福建师范大学、福建农林大学、闽江学院、福建工程学院、福建医科大学、福建中医药大学等7所福州高校手绘明信片的样品，引起网友关注。

“目前已经有近8000个订单，每天都有人询问这系列明信片在哪里能买到。”陈锦江认为，该系列手绘明信片之所以走红，是因为“它让很多人觉得有意思且有收藏价值”。更重要的是“同学们都希望能留下点关于母校的回忆，作为纪念”。

毕业季，首批福建师范大学手绘明信片试水发售。“当时印刷了3000份，到6月底就全部卖完了。”面对刚正式发行就需要加印的手绘明信片，QQ个性签名为“小人物大梦想”的陈锦江还有下一步计划：“榕城高校手绘明信片只是我推广榕城高校旅游的一个开始，后续还有摄影系列、产品纪念品等一系列创意文化产品。”

坚持写散文，创业不忘创作

你很难想象，一个热衷于创业的人，居然会是一个笔法细腻的作家。陈锦江爱好散文创作，2006年获得全国新星作家银星奖；他曾在《散文诗》等刊物发表作品近50篇，还出版了散文集《风从鱼的身上经过》。

出书的过程中，他找到了商机。之后，他开始尝试担任丛书主编，在作者和出版社之间搭建“桥梁”，一年多的时间里，陈锦江推出了近50本书。

出书工作稳赚不赔，但获利不多，陈锦江遂改变工作策略：“一年只推几本书，但要把书包装好。书在市面上销得好，我的回报率就高了。”

“不要太浮躁，要沉得住气”，一直是陈锦江坚持的原则，他说：“丰富的经历，敏感的心，宽广的胸怀是一个成功的创业者，特别是文化产业行业创业者一定要磨砺自己的三样东西。”

（根据《中国青年报》、《福州晚报》等相关报道整理）

创业故事汇3

陈江权：创业有招，同学的需求就是商机

从大二开始创业，陈江权就承接商业活动校内推广、设计文印广告，成立了企划公司；再后来开网店卖木制工艺品；他和合伙人还推出了福州首家大学城局域性网络商城“毛线团”。他就是信息技术系2009级学生陈江权。

校园限摩限超电为他带来第一桶金

2011年初，位于福州大学城的师大校园开始限摩限超电。陈江权还有他的舍友感到了机会的召唤。他们认为，当时的大学校园里，电动车数量多，其中不乏超标电动车。

限摩限超电的政策实行后，怎样处理超标电动车，成了学生们的难题。在福州之外，还有一些城市并未实行相关政策，如果集中转让这些超标电动车，可以实现二次利用，解决学生们的难题，还能产生利润。

寒假里，陈江权的舍友李德财联系到泉州老家的一个电动车厂商，对方表示愿意通过他们回收超标电动车，并且提供每辆车60元到70元不等的中介费。

寒假过后，校园限摩限超电的规定没有放松，许多学生急于把电动车脱手。4人立即行动。他们通过校园网站联系同学，到每个楼层发放回收广告，再把超标电动车的信息集中起来。第三周，他们约来泉州的厂商，在校园内开展集体回收。

连续4个周末，近200辆超标电动车，通过他们转手到泉州。他们赚了12000多元，这是他们的第一桶金。他们的成员也增加到了7个人。

学校建设创业园，为他提供新机遇

2011年4月，第二个机遇来到他们面前。福建师范大学协和学院设立了创新创业园，为创业的学生提供办公场地和资金扶持。陈江权和他的团队通过校方的筛选，成为创业园的首批入驻者。他们决心为在校大学生服务，遂给公司取名“玖零企划中心”。陈江权的团队表示，学校提供了免租金的办公场所，让公司有一个体面的门面，有助于接洽业务；学校提供免费的水电，让公司减轻了负担；学校提供了5000元启动资金，公司因此有了第二桶金。

经过一年多的经营，“玖零企划中心”在校园里生根发芽，并于2012年2月27日取得营业执照。一年多来，他们的每个项目都紧扣学生们的需要。学生们要用手机，他们就争取当电信、联通师大校园推广总代理；学生需要影印材料，他们就开设了师大生活区A区唯一的实体文印店。在他们的努力下，文印店拥有100多名会员，可以执行中心的各项业务。

暑假期间，他们选择留校继续推进一个企业服务项目，不期望现在就取得多大的成绩，但现阶段扩展人脉更加重要。

毕业后希望留在公司，把创业进行到底

陈江权的团队成员

在没有家庭支持的情况下，这个团队拼出了自己的一片天。陈江权还在福建省首届大学生“创业之星”评选暨大学生创业扶持计划竞赛中，获得了“创业之星”提名奖，获创业资金2万元。

毕业之后的陈江权把“玖零企划中心”留给了团队成员，而他则新注册了一个自有品牌“迷乐活”，在线上线下同时销售红木家具和工艺品，开始了一段全新的创业旅程。

创业故事汇4

范申田：创业队伍里的“自强之星”

在福建师范大学协和学院校园里，经常能看到这样的场景：下课后，当别人正挥汗如雨地在篮球场上奔跑时，一个短发男生却急匆匆地赶往学校创业园，开始了他的另一种忙碌生活，打电话联系商家，制订活动方案，沟通合同细节。忙完这些后，经常已是

深夜，这时候他才赶往宿舍准备第二天的功课。他就是福州子午线文化传播有限公司总经理范申田，一个刚上大三的学生。

创业是为减轻家庭负担

范申田的第一桶金来自于高一。当时，作为学生会主席的他，接触到了帮同学订购参考书的项目。于是，他就和年段长、各个任课组长商量参考书的订购，自己上门联系商家。几番奔波后，他从中获益1800多元，这是范申田第一次创业。他创业原因很单纯：只是想替家里分担压力。范申田出生在农村，家里有四个兄弟，父亲常年带病，母亲一个手臂在打工时摔断过，不能过度用力。小时候，他们四兄弟的学费只能靠父母务农和打零工来支撑，导致家里负债累累。因此，范申田从小就琢磨着怎么帮助家里减轻负担，创业梦想在那时已开始生根发芽。

进入大学之后，范申田的创业梦想更是“膨胀”了起来，帮车站做代理，为商家发传单，虽然艰苦，却小有盈利。他还利用了“职务便利”，协和学院外联部部长的身份让他和外界的联系更方便，也从中学到了不少生意经，建立起自己的人际关系。直到有一次，他在一次网购生意中被对方骗了，资金打过去，货却没发来，这时他的口袋里就只剩180元。这次经历让他更坚定了自己创业办公司的念头。于是，他更加拼命地赚钱，代理快递业务、开鞋店……不断从小生意中积累资金。

办公司缺钱，他就找伙伴融资，找亲朋好友借。2009年大二时，在一个月的时间里，范申田和他的伙伴们频繁辗转于工商部门与学校，终于成功地办理了手续，公司得以如愿开张。公司的名字就叫做福州子午线文化传播有限公司，注册资金50万元。之所以取这个名字，是因为“本初子午线是地球上零度经线，寓意着公司从零开始，脚踏实地一步步往前走，永远都是起点，也永远都是终点”。

公司是办起来了，如何拿到业务最关键。而大学生的身份经常让他受到怀疑。在一次和一家拖拉机公司的洽谈中，对方对他的身份产生了怀疑，认为他们公司根本没能力达到要求，一时合作兴趣不大。范申田和他的团队毫不气馁，一遍遍地跑，给对方他们做过的案例，介绍公司的情况。拖拉机公司被他们的诚意打动，最终决定合作。

在福建师范大学第一届大学生“自强之星”评选中，范申田凭借“从180元到50万元” 创立福州子午线文化传播有限公司的创业事迹获得好评，荣获“自强之星”称号。

赚钱后会做慈善

一次合作让范申田至今记忆犹新。那次，他们和某公司商讨合作时，对方市场部经理就直截了当地问他们能做到多少业务，质量如何保证。“当时，我们实在纠结，因为我们是第一次接触到这种业务。既要考虑到业务量，又要保证质量，所以第一次我们不能给对方经理明确的答案，我们只能默默的回公司讨论决定。”第二次踏进办公室谈起这些业务量，在范申田看来，“对方都有绝望的感觉了”。在刚执行时，范申田和几个公司负责人就开始当起了业务员，进行实地调查推广，经过两个晚上的开会讨论，才把结果交给了团队成员进行广泛的推广，最后以9336个业务量、95%的质量达到合作的要求。

这一次的经历，让范申田明白：“在事业面前我们一定要做一个准备充分的职业人。”有了这么几次的经历，范申田他们越做越顺手。经过努力，公司的营业额已达到10万以上。公司有固定员工13人，其中在校生8人，全职人员5人，兼职学生20多人。但到现在，范申田仍然认为自己不算成功，一切只是刚开始。对于公司的将来，他给自己的目标是，所经营的行业在中国市场上处于领军地位。

对于今后，范申田还有更长远的想法，“以后公司发展壮大了，有钱了，我会去做慈善事业，成立一个基金会，回馈学校，帮助那些需要帮助的人。”同学们告诉记者，发达起来的“范总”现在经常帮助同学，每次捐款的时候，他都会尽自己所能多捐些。

三、不求赢在起跑，但求跑赢全程——国际化本科教育实验班

在协和学院有这样一群特殊的学生。

他们采用特殊的教学模式，上课在一间小教室里，每三张桌椅被围成一个T字形或两张桌椅对面并着，4-6个人一个小组，外教不时在这些小组中走动，和小组成员们激烈地讨论着。

他们使用特殊的教材，都是原版的英国教材，需要高强度的口语和听力训练，而且

学生的大部分作业都要用英文来完成，每个学生三年的学习中，大约需要写25万字的英文报告；考试方式特殊，除了有期中考和期末考之外，还有关于小组讨论、团队合作、实践操作等技能的分值。

他们拥有特殊的身份，既是协和学院的学生，三年后又可同时是国外某所大学的学生。他们可以拥有“双学位”，同时获得国外大学所颁发的学士学位证书、协和学院学士学位证书。

“在求学的三年中，我第一次站上讲台做演讲，第一次接触全英文的教学模式，第一次写报告和考试论文，第一次进行以小组会议为讨论形式的考试，第一次开展在团队中的快乐合作。这些在学习生涯中迈出的一大步，都是SQA HND项目所带来的一笔宝贵的财富。它确实使我更好地适应和融入国外的学习生活。”

——现留学英国赫尔大学攻读硕士学位的SQA HND项目学生庄力群

这群特殊的学生，正是协和学院国际化本科教育实验班的学生。

协和学院现设Business（金融学）、Global Trade and Business（国际经济与贸易）、Financial Service（财务管理）三个专业国际化本科教育实验班，每年招收新生的人数控制在300人左右。国际化本科教育实验班采用SQA HND项目培养模式（中国教育部留学服务中心与英国苏格兰学历管理委员会协作项目）。

福建师范大学协和学院国际化本科教育实验班，是福建省教育厅批准设立的国际化教育教学改革先行试点项目，是我院在全日制本科学历教育中引进并融入英国高等教育文凭SQA HND项目的一种新的培养模式。

实验班借鉴并利用国外先进的教育理念和优质的教育资源，培养国际型、复合型的创新人才。实验班实行“3+1”的办学方式，在协和学院接受三年国际化的大学教育后，可以选择留学英国等国外合作大学完成本科最后一年课程。“不求赢在起跑，但求跑赢全程。放眼全球视角，培养国际英才。”这是协和学院国际化本科教育实验班努力实现的培养目标。

第六章 灵境育英才

开发学生的智力、素质和潜能，促进人的全面发展，这个育人理念，始终贯穿协和学院的每一个育人环节。协和人眼中的美，不是所谓的整齐，而是将每一种形状每一个角度，视作释放无限潜力的支点。协和学院的校园，已经成为每一位协和学子孕育梦想、追求梦想和实现梦想的舞台。在这里，学生是校园的主人，心有多大，舞台就有多大。每位协和学子都可以在协和空气中自由呼吸、展翅翱翔，他们突破创新、碰撞出绚烂的火花，创造了多彩缤纷的校园文化生活。

一、百花竞放校园文化“四大节”

校园有了文化，就有了深厚的底蕴；校园有了艺术，就有了灵动的精神；校园有了科技，就有了创新的活力；校园有了体育，就有了生命的阳光。在协和学院就有以文化艺术节、学术科技节、职业生涯规划节和体育节为主体的校园文化“四大节”。

■ 文化艺术多彩缤纷

校园文化艺术节是协和学子参与度最高、最津津乐道的一项品牌活动，涵盖了大学生辩论赛、规范汉字书写大赛、校园十佳歌手赛、经典诵读大赛、广告艺术大赛、摄影大赛等多个活动。舞台上，歌声婉转、舞蹈曼妙；书桌前，挥毫泼墨、丹青尽显；或是

规范汉字书写大赛

学院首届话剧大赛

学院第二届话剧大赛

学院第三届读书节开幕式

学院第八届学生辩论赛

诵读经典、或是演绎话剧、或是魔术人生、或是尽情放歌……2009年，协和学院学子在全国摄影大奖赛中被授予“中国摄影艺术成就奖”；学生参加省大学生艺术展演获二等奖一项，三等奖一项；2010年，学生参加“中华诵•2010福建省经典诵读大赛”获团体一等奖；在“梦想飞扬”海峡两岸青少年艺术风采展演活动中，协和学院学子获青年专业组金奖1人次、银奖2人次；在“星光闪耀”第二届全国优秀艺术人才展演福建选区中金奖4人次，银奖1人次；参加全国大中小学生规范汉字书写大赛，荣获福建赛区获一等奖5项，二等奖7项，三等奖10项；“科讯杯”国际大学生影视作品大赛国家级二等奖1项；在各级各类广告大赛中，协和学院学子在中国大学生广告艺术节、全国大学生广告艺术大赛、“时报金犊奖”等各类高级别广告大赛中均取得佳绩，领跑福建省各独立学院。

文化艺术节几乎渗透到协和校园的每个角落，让协和学子都能乐享其中，展现自己的才艺，大量优秀人才在活动中涌现出来，进一步繁荣了校园的文化氛围。

■学术科技点亮梦想

校园学术科技活动丰富多彩，3D大赛、单片机设计大赛、电子设计大赛、计算机软件设计大赛、信息技术应用水平大赛、ERP沙盘模拟大赛、“商略—身边的经济学”大赛、大学生英语演讲比赛等，每年举办一届。

学术科技活动对于培养学生的创造性思维、创新精神、创业意识和实践能力，展示学院育人成就发挥了重要作用。近年来，学生在各级各类学术科技竞赛中屡创佳绩。学生荣获ACM国际大学生程序设计竞赛亚洲赛区银奖1项、铜奖1项；全国大学生数学建模竞赛国家二等奖1项、省级一等奖4项、二等奖2项；ITAT教育工程就业技能大赛国家三等奖2项；全国大学生电子设计竞赛国家级一等奖1项、二等奖1项、三等奖1项，省级一

《忆兮盛唐》获得“2012年第五届全国3D大赛总决赛”数字建筑BIM方向全国一等奖

等奖4项、二等奖14项、三等奖12项；福建省第四届计算机软件设计大赛二等奖1项；沙盘模拟经营大赛福建赛区三等奖1项。

协和学院教师科研也取得突破，青年教师许桂贵主持的“表面修饰的LiFePO4复合材料中热力学和动力学问题的第一性原理研究”荣获2012年度国家自然科学基金立项；青年教师郭惠杰主持的“民国以来华侨华人对闽南侨乡体育发展的影响研究”获2013年度国家社会科学基金立项。

■我的青春我做主

“对自己要做的或是将要做的事没有任何准备，就是在为失败做准备”，也许，很多大一学生还很不成熟，但“我已经清楚自己要往哪个方向走了，我的未来会比他们更早到来”。这是福建师范大学协和学院尝试职业生涯规划教育的最大成效，而这样的成效正逐步成为协和学院独特的校园文化。

作为协和学院学生展现自我规划的重要平台，每年一度的职业规划节已经成为了一项全院学子都可以参与的品牌活动。在第二届职业规划大赛决赛上，就有5名选手是刚刚踏进大学门槛的90后大一新生。

2009级学生王双煌荣获第二届全国大学生职业生涯规划大赛全国总决赛三等奖和最佳创新创意奖

独立学院的学生面对的就业竞争压力比重点大学的学生大，从大一开始初步描绘自己的职业生涯计划，以后的学习就会有方向、有动力，就业时也会更加主动。于是，“职业生涯规划低年级化”成为协和学院实施“预就业教育”的重要举措。

职业规划节一般为期3个月，先后举办职业规划大赛、职业规划指导讲座、往届全国“挑战杯”获得者经验交流、现场职场礼仪训练等。在此基础上，协和学院专门引进了较为系统科学的“职业兴趣测评测验”、“MBTI职业性格类型测试”、“职业价值观分析”等分析软件，让学生运用科学方法进行自我认知、自我定位，以便学生更切合实际地进行自我规划。

从协和学院的职业生涯大赛中走出了第二届全国大学生职业生涯规划大赛全国总决赛三等奖和最佳创新创意奖王双煌，走出了十余位职业生涯规划省赛获奖者。

学院每年一度的大学生职业规划节

■快乐运动阳光生活

“快乐运动、阳光生活”，这是协和学院积极倡导的全员运动理念，也是学院体育文化的真实写照。

每年五月间的体育节，是全校师生挥洒汗水收获健康的快乐活动。三天的田径运动会，近千名师生运动员在赛场上尽显风采，集中展现体育竞技能力。不论是跑道上

第六届运动会广播体操表演环节

趣味运动会

的飞驰、沙坑上的跨越、横杆前的腾空……纪录被一次次刷新，笑容不停绽放。短短的3天运动会只是全民健身一个缩影。历时一个多月，包含篮球赛、足球赛、排球赛、环校接力等项目的体育节项目，更让全校师生在运动找到了快乐，在竞技中锻炼了身体，在角逐中增进了友谊。

协和学院首次组队参加第十三届福建省大学生运动会，摘得独立学院组别桂冠，在第十四届赛事中协和学院摘得金牌10枚、银牌13枚、铜牌2枚，代表团获体育道德风尚奖。

每逢周三下午和周末，校园内篮球场、足球场、排球场、羽毛球馆总能见到协和学生矫健的身姿。上篮、

环校接力跑

足球联赛

篮球联赛

协和学院第三届
教职工乒乓球赛

射门、扣球、吊球……这些由学院组织的各类体育赛事不仅让体育爱好者得以施展他们的技艺，也让他们感受到运动的快乐！

由教师根据兴趣自由组合，组建了羽毛球、篮球、乒乓球、瑜伽等十余个运动俱乐部，把锻炼作为他们的“必修课”。

二、学子变身“讲师”

一提起“讲坛”，大多数人一定想到的是名师、学者讲授某一专业领域的研究成果，或者对于某一专业知识的传授。而在协和学院却有这样一个特殊的讲坛，作为福建省高校首个以在校大学生为主讲人的学术性讲座活动，这个论坛没有权威专家学者，没有高深的学术话题，而是协和学子结合自己的兴趣，完成对学术的轻松探索。

■自主选题

协和学子讲坛自2005年5月创立以来已经开讲几十期。学子讲坛以“把学生请上讲台”的形式让学生成为信息的传播者、接受者。采用学生自报选题的方式，由院团委挑选出有代表性的课题，请有关专家学者担任指导教师，对相关主讲人进行辅导，以期达到最佳传播效果。

在讲坛的主题上，给予学生充分的自主权，学生的创造力得到了展现。首先在题材的选择上，既有与专业紧密联系的热点话题，例如《浅谈民事诉讼法的修改》、《历次金融危机之我见》，结合时政热点的《钓鱼岛之殇》；也有轻松的普及性讲座，例如研究网络文学的《80后的盛宴》，用现代管理理念解读王朝政策的《雍正皇帝的管理学》，充满前沿时尚气息的《时尚之源——从巴黎到东京》等等。讲坛增设了自由谈论环节，观点的碰

2005年5月20日“协和学子讲坛”创立，汉语言文学专业大一新生李思瑾以《林徽因的人生》为题，精彩的演讲打响了讲坛第一炮。李思瑾毕业后先后考取河南大学和华南师范大学，师从刘才进教授攻读现当代文学专业硕士研究生，师从袁国兴教授攻读现当代文学专业博士研究生

撞将话题推向纵深。

■形式灵活

学子讲坛以广大学生学习生活中的独特见解及创新观点为线索，将学术融入其中，采取与学术研究相结合、与学术竞赛相结合、与教学促改相结合的新模式。学生们还把乐器表演、茶艺表演搬上讲坛，甚至冲破了场地限制，例如《酷跑人生》把讲座场地搬到了户外。为了鼓励学生合作精神，主讲人也可以是团队，参加的同学都能获得“综合素质”学分奖励。

让学生分别就自己感兴趣的问题或者自己所学专业领域的知识予以充分地思考、研究并走上讲坛，去感受大师的风采，去分享成功的喜悦，从而实现自我的成长。如今，学子讲坛在学生中已经形成品牌，每期吸引数百名学生报名。以学子讲坛作为载体，形成了“学子讲坛显睿智，师生共议见真知”的学术研究氛围。作为学院的一项品牌活动，“协和学子讲坛”获得了2012年福建省高校优秀校园文化成果一等奖。

三、我的大学我的团

如果要问在福建师范大学协和学院最庞大的学生组织是什么，毫无疑问，那一定是学生社团，大概每3个学生中就有2个是某个社团的成员。让玩儿变得更专业，在活动中学习成长，这是协和学院社团能吸引全院三分之二学生成为其会员的魅力所在。如TNT COSPLAY社以激发学生对动漫和服装设计的强烈兴趣作为宗旨；企业竞争模拟协会、证券投资协会等金融管理类社团则通过校企合作，开展“用友杯”沙盘模拟经营大赛、“可口可乐”营销大赛等，既结合专业学习又提供了提早接触社会的平台；DIY计算机协会、电子协会等则在为广大同学免费维修电脑和技术培训的实践活动中提升自身专业技能，深受同学们的赞誉；演辩协会、摄影DV社、读书协会、影评协会、文学社、韫琦话剧社、吉他协会等已经成为有共同爱好同学交流切磋的最佳平台；足球社、篮球社、羽毛球社、跆拳道协会等俨然是喜欢运动的青年学子的乐土。

福建师范大学协和学院学生社团一览表

1. 心理健康通讯社（成立于2003年）

Debate 辩论

2. 演讲与辩论协会（成立于2003年）

形美協會

3. 形美协会（成立于2003年）

4. 羽毛球协会（成立于2004年）

Film Critics Association

5. 影评协会（成立于2005年）

协和学院 爱心社

6. 爱心社（成立于2005年）

7. 韫奇话剧社
（成立于2005年）

8. 足球协会
（成立于2005年）

9. 证券投资协会
（成立于2006年）

10. TNT COSPLAY动漫社
（成立于2006年）

11. 书法协会
（成立于2007年）

12. 跆拳道协会
（成立于2007年）

13. 舞之林协会
（成立于2007年）

14. 手工协会
（成立于2008年）

15. 企业竞争模拟协会
（成立于2008年）

16. 魔术协会
（成立于2008年）

17. DIY计算机技术协会
（成立于2008年）

18. 吉他协会
（成立于2009年）

19. 摄影&DV社
（成立于2009年）

20. 木桃彩妆协会
（成立于2009年）

21. 排球协会
（成立于2009年）

22. 花绳协会
（成立于2010年）

23. 诸子HR协会
（成立于2010年）

24. 爱向西行社团
（成立于2010年）

25. 读书交流协会
（成立于2011年）

26. 游戏动漫设计协会
（成立于2012年）

27. 篮球协会
（成立于2012年）

28. ERP沙盘协会
（成立于2012年）

29. 茶文化协会
（成立于2013年）

30. 协和学院学生社团联合会
（成立于2003年）

就是这些社团，让同学们的兴趣得到展现，兴趣变成了特长，玩出了专业。TNT COSPLAY社参加厦门国际动漫节全国COSPLAY精英邀请赛获最佳服装道具奖、福州赛区亚军；证券投资协会参加第五届“福建省高校大学生模拟炒股大赛”获三等奖，爱心社和证券投资协会被评为福建师大“十佳社团”等。

大学生活，社团陪伴左右，玩转社团，寓学习于娱乐之中，进而在学院中营造出良好的学习、文化氛围，同学间的思想得到交流，综合素质得到提高，展示了个性才华，发挥了个人潜能，让大学生在校园的海域上快乐航行！

演讲朗诵协会

COSPLAY社团

爱心社

辩论队

花绳队

话剧队

魔术队

跆拳道协会

四、校园艺文

有人说，在一所校园里，哪里有青春的心灵跳跃呢？哪里有思想火花的撞击呢？哪里有谈古论今激扬文字的酣畅淋漓呢？哪里可以记录一所学校的发展历程？哪里可以记录一代又一代青年学子的成长轨迹呢？唯有校园刊物可以担此重任。

《福建师范大学协和学院院报》简介

《福建师范大学协和学院院报》自2009年4月开始出版，坚持“在这里读懂协和”的办报理念，每月一期，并有针对性地定期出版增刊特刊，师生反响较好，尤其是每年推出的“招生特刊”、“新生特刊”更是成为招生宣传和家校联系的优质平台。院报刊载校内重要新闻、人物专访、时事评论、摄影专题、校园热点等各类师生喜闻乐见的内容。创办以来，已有8件作品获全国高校校报好新闻奖，21件作品获全省高校校报好新闻奖，2人获全省高校校报先进个人，4人获全省高校校报优秀学生记者，2012年院报编辑部还被授予“全省高校校报先进集体”荣誉称号。

院团委刊物《协和艺文》简介

《协和艺文》，2003年正式创刊发行的一本原创文学刊物，由协和学院团委主办，协和学院团委艺文文学社承办，每学期一期。《协和艺文》秉承福建协和大学艺文社《协大艺文》的优良传统，“协和艺文”四字由福建省书法家协会副主席朱以撒题写。自创刊始，协和艺文刊载大量原创文学作品，丰富了校园文化生活，这本文学刊物也成为全院文学爱好者的精神家园。

院团委刊物《青年画报》简介

《青年画报》，2011年10月正式创刊，每学期一期。该刊通过敏锐的校园观察、深

入的人物访谈、精彩的时事聚焦以及大量的图片影像，在全院范围内多维度、多视角地反映学院团学工作。

外语系系刊《经纬踏痕》简介

外语系系刊《经纬踏痕》，2007年创刊，每学期一期。主要介绍外语系开展的各类活动、影音娱乐、世界各国的人文百态、外语学习方法等内容。

信息技术系系刊《地平线》简介

信息技术系系刊《地平线》，2005年11月创刊，并于2013年下半年增设电子版。主要报道信息技术系优秀师生事迹、团学活动，展示该系各专业学科竞赛优秀作品等。

文化产业系系刊《溪源》简介

文化产业系系刊《溪源》，2009年创刊，每学期一期，秉承“传承文化，创意产业”的系训，主要展示文化产业系各专业学生的优秀创作，如文学作品、广告创意作品、艺术设计作品、摄影作品等。

管理学系系刊《奔跑》简介

管理学系系刊《奔跑》，2005年创刊，每学期2期，并于2012年11月正式改为电子版月刊，每月一期。《奔跑》主要报道管理学系开展的各类活动、文艺作品、影音推介及校园趣闻等。

经济与法学系系刊《经法系报》简介

经济与法学系系刊《经法系报》，2003年创刊，最早报名为《常青藤》，后改为《锐报》，2010年正式改为《经法系报》。《经法系报》每学期发行两期，并于2012年9月23日首次推出电声刊物《经法之声》。主要报道经济与法学系开展的各类活动、经法人物、文艺作品及用专业知识分析时事热点。

国际商学系系刊《丝路》简介

国际商学系系刊《丝路》，2008年创刊，每半年一期。主要介绍国际商学系开展的各类文娱活动、体育赛事、学术讲座等，是了解国际商学系团学和教学育人工作的一扇窗口。

附：

我的大学

从白玉兰到白玉兰

每当向北方友人描述起南方家乡的白玉兰，我总会想起福师大的白玉兰树。自幼认识的白玉兰是小小的，开在高树上茂叶间，香气馥郁的白玉兰；而不是北京早春里未有叶先有花、碗大的白玉兰。寻常白玉兰自五六月始开，断断续续入十月止。从协和院办往田家炳楼走，路上有数棵白玉兰树，五月开一期，十一月开一期，香沐四方。

我便是在此度过了人生中最重要的四年。

2004年我入协和就读文化产业系，辅导员是王阿芹老师。由于体质较弱，军训期间我动不动就请假。换一个老师，大概会觉得这是个顽劣的学生，不可救药。而阿芹老师并未看轻我。有一次我去敲她的门，她对我说，逸舟，我听说你文笔很好，你要加油哦。

天晓得。在此之前，我刚听过母亲伤心地说，欧逸舟，你怎么连个文学爱好者都不是？

在阿芹老师的鼓励和激发下，我开始参加汉语言大赛、普通话比赛等等，虽然拿了很一般的名次甚至是落选，我却从一个完全自卑的人，成长为一个对自己有充分了解和自信的人；从一个凡事无所谓的消极的人，成长为一个敢于尝试，敢于努力的人。

放纵的大一过去以后，带着一科科红灯，进入大二。我们宿舍从一号楼搬到二号楼，我的课余时光从学生街、篮球场改到了图书馆。我开始走到教室的前排听课；我开始恢复大量的阅读，读萨福佩索阿的诗歌，读阿兰德波顿的散文，读《三国》《水浒》；我结交了一群好友，他们无论工作、学习、生活，都是最认真、最勤奋、最勇敢的人。我领悟到，我们是各种各样的种子，被种在这片土壤，长成什么模样的植物，开什么样的花结什么样的果，与我们喝到的水呼吸的空气看到的阳光汲取的养分有关；我真正学到如何勇敢地去争取养分。

我开始写诗，写散文。第一首诗发表在《诗歌月刊》上，我腼腆地把刊物送给阿芹老师，得到她的赞许和学院的肯定。文学开始震荡我的人生，那时候我还不晓得接下来的路会怎么走。

2009年收到鲁迅文学院的录取通知书，我到北京参加鲁迅文学院第十一期中青年作家高级研讨班。鲁迅文学院被称作中国文学界的“黄埔军校”，培养了大批有影响力的作家。作为班级中年纪最轻的一个学员，在听取了大量关于音乐美术舞蹈戏剧物理天体军事等大文化课程与著名的作家评论家的讲授之后，我的文学之路又打开了一扇新的门。高研班结业后，我决定留在北京。

三两年间，我出版了一部个人诗集，成为北京作家协会会员、中国作家协会会员，创作主攻方向从诗歌转向小说；我回到鲁迅文学院，从学员的身份转换成为教职员工，主要负责少数民族文学培训工作，山南海北，奔波在祖国的大西部。

而当我回到北京，办公室的窗外站着一排排白玉兰树。从春天，我见证了落花的时光，夏末，我发现它们居然结起丰硕的红果，此刻，灿烂秋日被托于叶心，它们已在枝头暗自孕育来年的盛大花开。

我总是相信，命运为持有信念并为之努力的孩子，许诺前路上盛大的花开。

作者：欧逸舟，协和学院2004级学生，2007年开始写作，在校期间于《诗歌月刊》等报刊发表作品。2009年就读鲁迅文学院第十一期中青年作家高级研讨班，2011年出版个人诗集《橙花村三十八号》（中国青年出版社），2012年获诗歌月刊年度优秀青年诗人奖。系北京作家协会会员、中国作家协会会员。现为鲁迅文学院培训中心教师，负责少数民族作家培训工作。

问 道

谁还记得初衷
谁还记得为什么启程
谁还记得第一个同伴
谁还记得牵过谁的手
谁还记得转过几趟车
谁还记得走错的岔口
谁还记得经过的站牌
谁还记得谁是谁的谁
谁还记得有人问过你
你还记得哪些忘记了哪些
有一天当你的车到了终站
你还记得初衷吗?
你还记得车窗外的风景
夜与昼
风和雨
蔷薇科植物在灯光中美得比假花更假
你记得第一朵从哪儿开起的吗?
你记得最后一朵在哪儿谢的吗?
我不会再问你记得什么
我更想知道你忘了什么

（选自《橙花村三十八号》）

协和，我的大学梦

季节的秋天，有着沉甸的丰收。而我也有了新的跨越，离开了风景秀丽的琯溪蜜柚之乡——漳州平和，告别了家的避风港，带着父母的殷切期盼，毅然踏上这粗犷的土地，这块寄托着梦的灵魂和心愿的大学……协和学院也迎来了2010级的学子。

太阳总在有梦的地方升起，月亮总在有梦的地方朦胧，我总在有梦的地方微笑，因为它使我心灵充满激情，使我双眼澄澈明亮。于是乎，在无数个夜深人静的夜晚，有我挑灯夜战的背影，书堆里有我埋头苦干的身影。即使汗流浃背，我也仍在题海里作战。十二年的寒窗苦读，付出的汗水，都在收到录取通知书的那一刻得到回报。我的心血为我铺平了前方的道路，我的努力有了质的收获，梦也因此有了新的起航点。

而梦，也被赋予了新的声音、气味、情感和知觉，我将在这梦的城堡里快乐地成长，体验着大学的气息……大学是梦的伊甸园，大学是放飞梦想的天空，大学是成就未来的殿堂。这里的生活不再是乏味的"三点一线"；这里的学习不再是铺天盖地的昏暗；这里的我不再有沉重的心理负担。协和为我们营造了一个学习的天堂，在这里，我找到了前进的方向；在这里，我领略到了大学的风采；在这里，我领悟了梦的真谛；在这里，我用一缕明媚的朝气谱写青春的乐章。

风生水起，梦里梦外，皓月繁星，我们心怀梦想，我们播种希望，我们展望未来。来到师大协和，我梦想中的大学，心情豁然开朗，被这里的风土人情所感动，被这里的恬静优美所吸引，被这里的别具一格所震撼，橙红色的宿舍点缀了我美丽的梦，外语独有的美丽激发了我的动力。与同学们一同站在协和的起跑线上，一起努力，一同逐梦。在浩瀚的时间长河里，让生命尽情地律动。生命之灯因热情而点燃，生命之舟因拼搏而前行。

百年师大古老沉韵的学风，如同自然青筋凹凸的血管，引领着我的梦想向前延伸。历史沉淀的色调，深深地刻印在我的心中，使我更加坚定了前进的步伐。信息科学化的设备，是我求学路上的垫脚石。生命的花香与奋进同在，人生的传奇是秋天的果实。历经二十载，风华正茂，当奋斗不息，梦在前方，依托丰富的大学文库，背起智慧行囊，追逐属于自己的云彩，绽放最亮丽的光芒。

路漫漫其修远兮，吾将上下而求索。紧跟着梦的脚步，透过大学的雾霭，我仿佛看到了往昔；透过往昔的窗纱，我仿佛看到了未来，透过时间、空间……我拥有澎湃的激情，我感受到清风的旋律，找到了青春的乐章，这就是梦的曲调，这就是梦的起点。一切芬芳生于斯而长于斯，而我的大学梦终将在协和里沉淀。

（作者：　2010级外语系学生　林燕玲）

我的大学

初次离开家乡，来到这名牌学府——协和学院求学。我惊诧于协和的美，惊诧于协和的氛围，更有一种喜欢油然而生。

如果说生命是一座庄严的城堡，那么协和就是给予我穹顶的梁柱；如果说生命是一株苍茫的大树，那协和就是那深扎的树根，给予了我坚实的基础；如果说生命是一只飞翔的海鸟，那么协和就是那扇动的翅膀，给予了我飞翔的动力。协和是我生命中不可缺少的一个地方，在这儿的，我学到的不仅是知识，而且拥有了那可供翱翔的一整片天空。

在我心中，协和的美是别的地方所不能比的。协和坐落于美丽的旗山脚下，清晨的第一缕阳光，洒满整条校道。同学们三五成群，你一言，我一语地赶着走向教室。而不远处的旗山也为这画面添上了丰富而浓重的一笔。清晨的旗山是朦胧的，在浓雾的笼罩下，旗山依稀可见，像是披着薄纱的小姑娘，缓缓地，随着太阳的升起，露出了它微笑着的脸。不得不说旗山是协和风景中的一大亮点，协和里那几潭清澈的湖水，水中倒映着旗山的影子，偶尔也会有几条露出水面的鱼，也争先恐后地想为这一美丽的画面添上色彩。

协和的美并不仅仅是风景上的美。我曾迷恋这儿的风景，而更向往协和人的生活。协和人是美的。走在优雅的校道上，与舍友谈论着这不同一般的校园。在这校园中，拔萃的人众多，而我这种小人物当然更多。舍友说她喜欢协和的老师。确实，协和的老师总能够给予我对知识的渴望以及对我自己人生的一种更高层次的理解。我想，协和学院被评为“全国先进独立学院”是理所当然的。几次在课上感叹老师的多才，也下定决心向众多的老师学习，学习他们在大学中的努力，学习他们传授给我们的知识。

协和“厚德励进，博学自强”的校训，时刻鼓励着我向知识的海洋靠近，向丰富的人生迈进。

在我心中，协和的读书氛围是别的地方所不能比拟的。大学给予了我充分的自由，而在这时间的流逝里，我们必定得努力的拼搏，因此，协和的图书馆就成了我们“打发”时间的好地方。曾走过几所大学的图书馆，协和的图书馆最安静不过。并不是协和冷清，而是在协和的图书馆中，学生总专心致志于自己的事，所谓的鸦雀无声却成了协和图书馆最大的优点。闲暇时间里，叫上舍友，在图书馆呆上一整天的事是常有的。也许是这儿的书吸引着我，也许是这儿的氛围吸引着我。

进入图书馆，找到自己喜欢的书，仔细、认真地穿梭于文字之中，稍有倦意时，望向远处的旗山，一座连着一座，缠缠绵绵，或有几束阳光从窗户射进，安静的图书馆又多了几分的暖意。这样的生活何尝不是享受人生。

我们的黄金时代是有限的，现实暴露给我们的是残酷的，而我却正好在协和里找到了面对残酷的勇气，促使自己更努力地有所作为。青春是三月争奇斗艳的花朵，是七月缤纷的太阳雨，是十月灼人的红叶，是喷雾的旭日，是竞发的百舸，是搏击长空的雄鹰，协和正是陪伴我走过这些青春的地方。协和用它展开的翅膀，教会我飞翔的道理。

我的大学，我的协和！美丽的协和！

（作者：2010级经济与法学系学生　蔡培婷）

黄启鹏：一番辛苦只为缅甸果敢孤儿

黄启鹏与果敢的孩子在一起

一个在校大学生，一次踏出国门的拍摄之旅，演绎成一段情节曲折的爱心故事。

独闯果敢

黄启鹏，福建师范大学协和学院2007级学生，曾担任学院摄影和DV协会会长。

他有一位堂叔在缅甸经商。2008年寒假回家，堂叔告诉他，果敢是一个“很神奇的地方”。这使黄启鹏萌发了前往果敢拍摄纪实作品的冲动。

不久，黄启鹏无意中看了摄影家吕楠拍摄的作品《缅北监狱》，更坚定了去那里创作的想法。

黄启鹏决定大二暑假赴果敢，他开始悄悄地筹钱。

2009年7月25日，这是令黄启鹏终生难忘的一天，这一天他启程了。坐火车从福州出发，经龙岩、昆明、云县、南伞，再辗转至果敢……一路颠簸，一路遐想。

7月28日，历经4天的车马劳顿，黄启鹏终于到达果敢首府老街。那一刻，他既兴奋又紧张。“满街都是扛着AK的同盟军，当时我紧张得吃不下饭。”第一次见到这种阵势，再回忆脑海中想象了无数遍的果敢，黄启鹏难免紧张、害怕。

“这里90%的居民都是汉族。”心里这样宽慰自己，黄启鹏的心情也就渐渐放松了下来。

随后的见闻，令黄启鹏感到十分震撼。这使他调整了拍摄计划，同时也影响了他其后的生活。

原来，果敢贫富差距非常大，除了几十个赌场装修得富丽堂皇外，剩下的就是用几块铁皮、木板和塑料布“堆”起来的贫民窟。

光着脚的孩子们三五成群，或拎或背几个装着垃圾的袋子。当看到地上静静躺着的矿泉水瓶子，他们就会蜂拥而上，像争抢宝贝一样；在垃圾箱里发现“好吃的”时，他们便小心翼翼地翻出来分着吃。这些孩子大的不到18岁，小的也就2岁左右。

“这种场景在当地很常见。”黄启鹏很快了解到果敢地区大多数儿童的真实生存状态——靠捡破烂维持生活，睡在垃圾桶旁，经常吃着冷饭剩菜……

目睹眼前的一切，黄启鹏心里很不是滋味。“我一定要利用手中的相机，帮助这里的贫困孩子。”这个念头，在他心中愈来愈强烈。

此行，黄启鹏原本计划模仿吕楠拍摄吸毒和犯罪等黑色题材，但到果敢后他决定将镜头对准这些贫民窟的孩子们。

黄启鹏最早把镜头对准的是这样一群孩子：有父母，却居无定所，只能靠捡破烂维持生活，而且经常只能吃别人的残羹剩饭，读书成为遥不可及的梦。他想透过镜头观察这群孩子的真实生活，更想走进他们的内心世界。

于是，黄启鹏几乎天天和这群孩子待在一起，用相机记录孩子们捡破烂的点点滴滴。把纸箱侧立起来，蜷曲着睡在里面；蹲在垃圾桶里，头倚着桶就能安然入睡；衣着破烂的四五岁孩子，背着和身高差不多的垃圾袋……就是这样一群为生计所困的孩子，黄启鹏却夸张地取名为《贫民窟的破烂富翁》。

其中，贫民窟里一个名叫“悠悠母”的10岁小女孩，格外令人心酸。从正面拍摄，小女孩一脸稚气；而拍摄其背影，看起来却像是50多岁的人。黄启鹏将“悠悠母”这两张照片放在一起，取名《十岁的年龄，五十岁的背》。后来，这张照片展出后，打动了不少人。

与贫民窟的孩子相比，也有生活得“幸福”一点的。在一个名为老街圣果小学的孤儿院，黄启鹏内心感到一点点宽慰。然而，宽慰毕竟是自欺欺人的，因为这里的孩子们虽然吃住有保障，但他们没有父母，无法享受父母的爱。

黄启鹏很快发现，孤儿院的孩子们不分男女都是光头。一问，答案叫人哭笑不得：“由于有虱子，而财力有限，没办法给孩子们一一驱虫，索性都理光头。”

由于天气和路程的限制，“孤儿院”题材的拍摄只进行了一半。

8月7日，黄启鹏开始着手拍摄《大水塘的崩龙族》，这里的孩子有吃有住，也有父母，但他们却过着最原始的生活，电路不通，至今还点油灯过日子。据说，十几岁的孩子基本没衣服穿。然而，果敢8月8日爆发武装冲突，他这一计划不得不遗憾地放弃了。

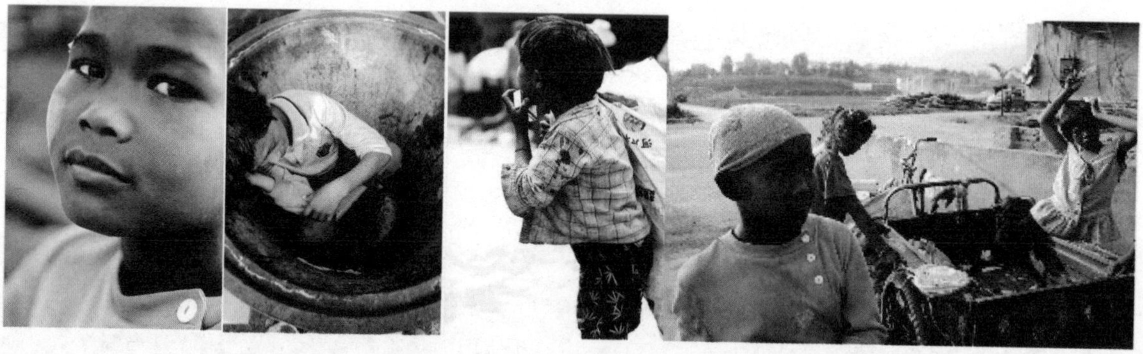

黄启鹏摄于果敢

艰难的募捐

最初，黄启鹏到果敢拍摄专题照片是为了参加一些摄影比赛，颇有一点靠摄影赚点吆喝的味道。

但在果敢的拍摄经历，彻底改变了他“可笑而幼稚”的想法。黄启鹏说：“真正深入拍摄后，特别是跟那些孩子成为朋友之后，我开始反思，作为一名纪实摄影者的价值。”

回国后，黄启鹏的脑海里经常浮现的是那些在果敢结识的孩子。

黄启鹏说，他忘不了，好几次，贫民窟的孩子们从垃圾箱里翻出快餐盒，高兴地蹲在地上吃起来，碰上好吃的，还转过头对着我喊：“阿哥要不要？”他忘不了，那个喜欢牵着他的手的“悠悠母”。

他忘不了，孤儿院里那群一律剃着光头的孩子们……

“既然我了解了贫民窟孩子们的穷苦生活，我就该尽力为他们做一些事情。”黄启鹏加深了对拍摄纪实照片意义的理解——如果照片仅仅是博取读者视觉上的同情，摄影就失去了最本质的价值，对于镜头下的孩子们也没有任何意义。

“搞募捐！”黄启鹏听见自己在心里喊。

在黄启鹏看来，做募捐最便捷的方式便是借用网络、报纸、电视等媒体的力量。于是，他把在果敢拍摄的几组照片发到网络上，果真产生了较大的反响。新浪网、中国影像第一门户蜂鸟网都以“救救孩子”为题，把他的作品挂在首页，《环球时报》(英文版)更以整版的篇幅介绍了这位大三学生。通过网络的宣传，黄启鹏在校内外召集了200多名志愿者，一起为果敢孩子募捐。

后来，更多的报社和电视台记者纷纷前来采访，但由于记者大多是从新闻角度来报道，而非呼吁人们捐款，因此几乎没有人慷慨解囊。只有在参加某电视台的一个节目录制后，有人捐了200元。

靠媒体的影响力搞募捐走不通，黄启鹏改走现场募捐这条路。然而，现场募捐远非想象中那样简单。

黄启鹏把目标转向企事业单位。在果敢拍摄的照片打动了一些同学，他们也纷纷加入了募捐队伍。他们拿着冲洗出来的照片找学校附近的店面、有些名气的企业，都无结果。对方的理由很简单：没有学校的介绍信，无从证明照片的真伪，为何要给你们捐款?

一两个月过去了，募捐的事情一直没有进展。黄启鹏几乎要“疯掉了”。

“那段时间，我的脑袋里装的都是募捐，吃饭睡觉都在想这个事。”在募捐问题上，黄启鹏虽然没有头绪，却坚持到处奔走，希望能意外收获一点运气。

有一天，福建师大协和学院一位老师获知黄启鹏在为募捐发愁，便给他指点了迷津：一切募捐行为的实施人，都要到法定单位申请，通过审批开具证明。开具证明的过程让他几乎磨破了嘴、跑断了腿。在他的坚持和努力下，终于在2009年12月2日拿到了红十字会开具的募捐活动证明。

兑现诺言

拿到募捐证明的那个周末，黄启鹏便和志愿者们一起行动了。第一次募捐是在福建师范大学和协和学院之间的河西桥头。在志愿者们的耐心宣传和解释下，不少同学被深深打动了，纷纷捐款。

黄启鹏说，刚开始做募捐，大家对此举有太多的疑问。比如，为什么要给外国人募捐？这些照片是真实的吗？这些捐款真的能到达孩子们手中吗？面对怀疑与不解，黄启鹏和志愿者们一一耐心解释。

然而，募捐过程中仍不时遇到尴尬和难堪的事。

有一次，他们到位于福州市区的宝龙广场募捐，刚把反映果敢贫民窟孩子真实生活的照片挂好，就有保安过来喝令收起照片。递过募捐活动证明，保安却找到了“漏洞”：“虽然证明上说可以搞募捐，但没说可以展示照片。”无奈，只能把照片从架子上一一取下来。

志愿者把照片贴在自己的背上，双手再捧一张照片。一些过往的路人对他们的举动有不同的反应，或嘲笑、或鄙视、或不解。有的干脆骂道：“吓了我一跳，我还以为是遗像呢！有病吧？”闻此，黄启鹏和志愿者们内心真不是滋味。

当然，也有许多心地善良的人支持募捐。福建师范大学和协和学院一些师生踊跃捐款，有的捐款不止一次。宝龙广场一家童装店老板被照片打动了，碰巧他不打算再开店了，便把价值2万元的崭新童装全部捐给了黄启鹏。

为了募集善款，黄启鹏想了很多招：办摄影展、在学生公寓进行“扫楼式”募捐、找企业赞助……整个大三上学期，在200多名志愿者的帮助下，黄启鹏一共组织了6场大型募捐，最终募集到2万多元人民币以及价值3万元的物品。

2010年1月，黄启鹏拿到签证后再次来到果敢，并带去了第一批募捐物资。他给贫民窟的30户居民每户发了一袋米和50元人民币，给孤儿院的20多个孩子带去了新衣服、新鞋子以及女孩子们喜欢的小饰品。剩下的1万元，则捐给孤儿院用于砌围墙、铺水泥地板。

大三下学期，黄启鹏继续为果敢贫民窟的孩子们努力着。由于课业负担较重，大型募捐较难运作，小型募捐效果甚微，他没能筹集到多少资金，倒是募集到一些物资。

2010年六一节前夕，他把这些物资给孩子们寄了过去，并打电话到孤儿院询问孩子们的情况。

进入大四后，黄启鹏便与协和学院一名创业的大学生合作推广福州“大学生活一张卡”，且将盈利捐给了果敢贫民窟的孩子们。

现在，他成为了一名职业新闻摄影记者，任职于《海峡都市报》摄影部，正用镜头反映最底层人民特别是困难学生的真实生活，为人民群众鼓与呼。

（根据《中国教育报》相关报道整理，原作者：龙超凡）

学生艺术作品选

2007级学生黄启鹏的摄影作品《大雄宝殿》在“中国影像——庆祝中华人民共和国建国60周年全国摄影大奖赛”中获优秀奖

2008级学生林琳作品获Wacom创意绘画大赛福建赛区金奖

2010级学生郑鸿斌、陈琳、王朝昌、郑声研作品获第二十二届时报金犊奖环境媒体运用大陆二等奖

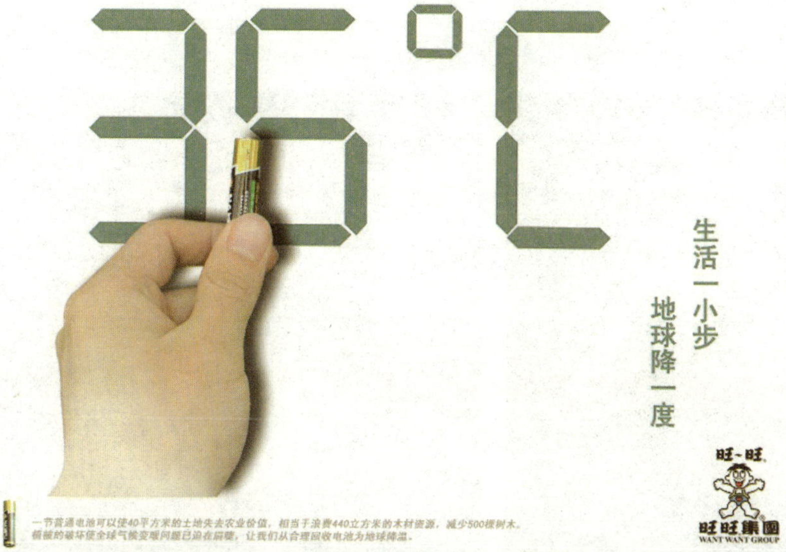

学生洪笔墨（2008级）、张宗彬（2009级）、董事臻（2010级）作品获第二十届时报金犊奖全球优选奖

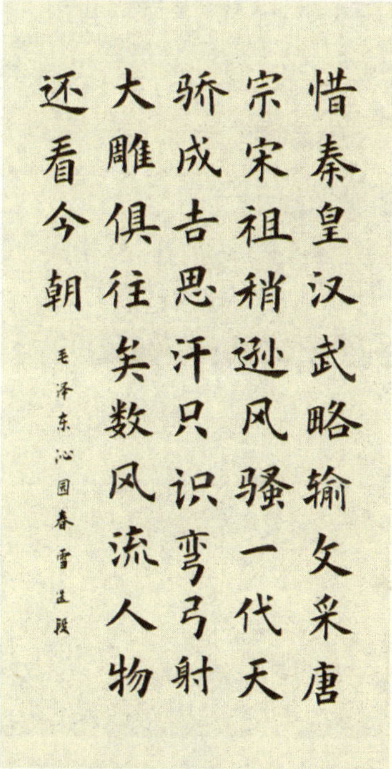

福建－软笔高校组－杨源彬

2010级学生杨源彬作品获第三届全国学生规范汉字书写大赛软笔组二等奖

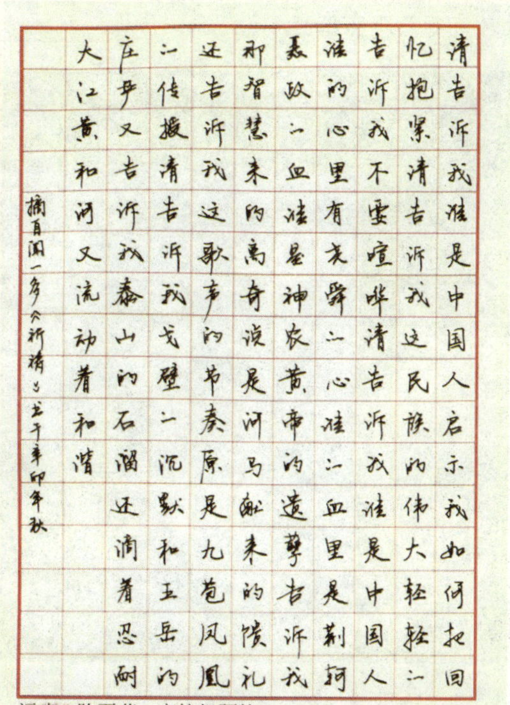

福建－陈夏茜－高校组硬笔

2008级学生陈夏茜作品获第三届全国学生规范汉字书写大赛硬笔组二等奖

2008级学生赖玫作品获第五届“为坐而设计”国际设计大赛总决赛银奖

2009级学生陈伟作品《回》入选第四届福建省高等艺术院校大学生美术作品展

2009级学生林茵作品《水母》获第四届福建省高等艺术院校大学生美术作品展入选奖

教师艺术作品选

符文征老师的作品《王一梅最美的童话》荣获浙江省出版工作者协会第28届优秀图书装帧设计奖插图类一等奖

刘经锋老师设计的公共艺术作品《CHINA》入选“全国艺术硕士研究生美术与设计优秀作品展”

阮斌老师摄影类组图《拆迁，拆之》获福建省第六届百花文艺奖三等奖

魏宁老师漆画作品《禅海》《燃情岁月》入选福建省漆艺精品展

魏宁老师漆画作品《潋滟之一》入选福建省第二届漆画展。

钟利军老师担任执行导演、曾喜庆老师担任编剧的52集动画连续剧《龙归之龙行天下》在央视少儿频道七点半档动画剧场栏目热播

后　记

很长一段时间，想要编撰这本书的念头一直萦绕于心。

2009年1月开始，作为协和学院院长，在之后的这几年时间里，经常在各种场合，“协和”二字总会给我带来“美丽的误会”。这“误会”源于“协和医院”这个众所周知的老牌名字，以致在人们的思维习惯里，“协和”似乎应该就是与医院、医学院相联系的。这里我只能说作为医院或医学院的“协和”相对是幸运的，她的名字不仅得以保留至今，甚至以此为中国最具权威的医学及医学教育机构，在国内外享有极高的声誉。而作为上个世纪响彻半壁东南的高等学府“福建协和大学”却已是鲜有听闻了，更何况于作为一所刚创办了十年的新兴高等院校——福建师范大学协和学院。此“协和学院”与“协和医院”在社会知名度上自然不可同日而语。当然真正拨动我编写此书心弦的，并不完全是这“美丽的误会”，因为我始终相信这“误会”随着协和学院的成长终归会释开。而最让我揪心不已的，是很多同仁、包括我们自己的师生，不知道协和学院何以以“协和”为名，不清楚福建师范大学协和学院与福建协和大学之间的关系与关联，这是其一。

其二，诚如汤用彤先生在1940年致时任北大校长胡适的信中所言：“大学之大，在于精神之大，大学精神之于大学，犹如人之灵魂之于身体。”文化是一所大学的灵魂，人无精神不立，校无精神不兴。由于历史积淀不够，一所新型的高等院校很难一下子创设出较浓厚的文化底蕴，再加上学院办学时间短，没有文化积淀，难以形成文化个性，在精神文化建设方面可谓先天不足。福建协和大学留给我们的是灼灼发光的历史，学院沿用其校名，旨在借鉴协大的优秀文化成果，在继承优秀传统中推陈创新，创造出独具我院特色的新的大学文化。2011年，我到集美大学诚毅学院考察，他们对校本文化特别是陈嘉庚精神的挖掘和普及教育，他们编写的校本教材《陈嘉庚与陈嘉庚精神》深深地触动了我，更是萌生了编纂协和学院校本教材的想法。所以，梳理出“协和”的前世今生，让“协和”之名、“协和”之意义深入师生之心，正是编写本书的初衷。

这本书分为上下两篇。上篇主要呈现协和“前世”。关于福建协和大学的研究专著目前为数不多，主要有黄涛博士的《大德是钦——记忆深处的福建协和大学》、谢必震教授的《香飘魁岐村》、徐光荣教授的《福建协和大学》。本书在编写过程中参考了黄涛先生、谢必震先生不少研究成果和数据。不同于这些研究著作，我尝试用文学的叙事，一种有情感有取舍但不是想象的叙事让协大往事重新舒活起来、生动起来，重新走进我们的视野，并试图以此挖掘出协大于今日之高等教育历久弥新的文化理念。这里面有对协大办学历史的理解，有对协大文化与精神的追寻，还有对协大留给现今教育者的宝贵精神遗产的继承。当然囿于历史悠久、史料繁杂、头绪众多而时间精力有限，这种尝试不免让我有如履薄冰之感。下篇主要呈现协和“今生”。从严格意义上说，福建师范大学协和学院与福建协和大学并无直接的关系，而就像在书中所说，沿用“协和”之名，旨在纪念与继承，借鉴与光大。对于十年协和部分的编写，我并不作编年枯燥的实录和面面俱到的呈现，而是重点阐述了对协大永不过时的教育理念的追寻和协和学院在办学中萌蘖出的新协和精神，选取叙述了关于学院创新教学、校园文化的某些片段。正所谓管中窥豹，期望通过这本书能让每位师生读懂一个世纪前的“协和大学”和十年成长起来的“协和学院”。

当然，这本书的编写对我来讲是个不小的挑战，特别是对协大的重新梳理，说实话挺困难。从2010年开始，学院组织成立了“协和文化寻根”课题组，小组成员都是被协大这段历史吸引而自觉深入研究的，几年来，课题组的学生在老协大的文字资料和图片资料的搜集和整理上做了大量的工作，特别是这种图文集的关键是需要大量珍贵的历史图片，而经过“文化大革命”浩劫，学校档案、个人照片、相关历史物件均遭到一定的破坏，使得搜集工作和查询图片线索的难度加大。从翻阅民国旧期刊到拜访协大老校友，我都亲自参与，感同身受。如2012年1月1日，拜访协大校友会副理事长翁迈东教授；3月18日，前往厦门大学拜访协大校友唐崇惕院士；5月26日，前往马尾拜访协大校友、“船政老人”陈道章先生；7月5日，前往邵武寻访抗战期间协大旧址并拜访五位协大校友；2013年3月25日，拜访协大校友、茶学界泰斗、百岁老人张天福教授；5月12

日，拜访协大校友陈国熙教授；7月2日，参观协大魁岐校区旧址，与旧址现单位领导就文物保护和协大精神传承进行了深入座谈。特别是我参加协和大学2012年的福州校友聚会，意外地注意到一个细节，以往出现的“协大人”不见了，代之的是“协和人”三个苍劲有力的大字。柯冲研究员、翁迈东教授、郑辑教授、林宇光教授等多位协大校友也莅临我院参观访问，对我院的办学成果和寻根工作给予充分肯定与赞扬。可以说，在每一次与协和大学的思想碰撞和交汇中都让我动容不已。整理出这本图文集，是我对协和感情的一种表达，同时更是对老协大精神的敬仰与学习。

在本书付梓之际，谨向所有为协和学院成长提供帮助的各级领导、各界人士表示衷心感谢！在本书编写过程中，最难能可贵的是台盟中央常务副主席、中华全国台湾同胞联谊会会长、协和学院创办时担任福建省分管文教副省长的汪毅夫教授在百忙之中亲自为本书作序，福建协和大学校友张天福教授和唐崇惕院士欣然为本书题写书名，这些都让我感动不已。林美貌、黄秋玲倾注了大量的时间和精力，广泛查阅收集资料，精心编撰，反复校对，数易其稿；林响、陈翔鹏、杨竞雯等同志参与本书的资料收集、编写、排版工作；福建师范大学仓山校区图书馆民国文献阅览厅的龙丹老师向课题组成员提供了文献阅读的方便；福建师范大学校办李溢明先生向课题组提供了他搜集的校友资料及图片；对协大历史兴趣者池志海、薛继天先生提供了多张珍贵的照片；本书中出现的图片资料有一部分得益于福建省档案馆、福建师范大学档案馆和耶鲁大学图书馆的珍藏，还有协大老校友的热心征集，在此一并表示诚挚的感谢！最后需要说明的是，本书为了叙述需要，还部分选用或摘录了一些反映协大和协和学院的文字，在此谨向以下作者表示诚挚的谢意：张圣才、汪锡鹏、邹萍影、叶圣陶、徐光荣、王贤樵、俞元桂、黄涛、林景润、梁安仁、陈锡恩、郑作新、潘其西、叶明勋、汪朝元、童果夫、郭毓麟、丁祝三、欧逸舟、林燕玲、蔡培婷、龙超凡等。

本书在编写的过程中参考了大量资料，未能一一注明作者和出处，敬请谅解。由于水平有限，时间有限，资料有限，加之成书时间仓促，书中错漏和存在问题在所难免，敬请广大读者多予赐教补正。

谨以此书献给福建师范大学协和学院十年校庆！

袁勇麟